Du bleibst in meinem Herzen

Wie Sie Trauer verstehen und bewältigen

Das Handbuch der Trauer-bewältigung

Deutschsprachige Erstausgabe April 2020 Copyright © 2020 Astrid Laub Imprint: Bücherglück Michael Jagielski | Grainauerstraße 1 | 10777 Berlin

Alle Rechte vorbehalten Nachdruck, auch auszugsweise, nicht gestattet Das Werk, einschließlich seiner Teile, ist urheberrechtlich geschützt. Jede Verwertung ist ohne Zustimmung des Verlages und des Autors unzulässig. Dies gilt insbesondere für die elektronische oder sonstige Vervielfältigung, Übersetzung, Verbreitung und öffentliche Zugänglichmachung. Covergestaltung: Wolkenart - Marie-Katharina Wölk, www.wolkenart.com Bildmaterial: ©Shutterstock.com

Independently published 1. Auflage

ISBN: 978-3-9821935-1-9

Inhalt

1. Einleitende Worte 1

   1.1. Warum es in Ordnung ist zu trauern 3

   1.2. Ein paar kraftspendende Worte 8

   1.3. Wie Sie dieses Buch nutzen sollten 10

2. Körper und Geist! Was Ihnen signalisiert wird. 13

   2.1. Was in Ihrem Gehirn passiert 14

   2.2. Was mit Ihrem Körper passiert 19

   2.3. Können wir Trauer einfach wegmachen? 25

   2.4. Sie müssen nicht leiden! 34

3. Die Phasen der Trauer 41

   3.1. Phase 1: Verdrängung 49

   3.2. Phase 2: Wut und Scham 55

   3.3. Phase 3: Verhandlung 62

   3.4. Phase 4: Verzweiflung 67

   3.5. Phase 5: Akzeptanz 74

   3.6. Selbsttest: In welcher Phase stecken Sie 80

4. Die 3 grundlegenden Schritte zur Trauerbewältigung 98

    4.1. Schritt 1: Bewusstes Abschiednehmen 99

    4.2. Schritt 2: Hilfe annehmen! 109

    4.3. Schritt 3: Trauer Ausdruck geben 119

5. Umgang mit Trauer und negativen Gefühlen 130

    5.1. Muss man funktionieren? Nein, man muss fühlen! 131

    5.2. Was wir von anderen Kulturen im Umgang mit 138

    5.3. Was tun, wenn die Sehnsucht so groß ist? 144

    5.4. Selbstvorwürfe? Warum Sie keine Schuld trifft! 147

6. Ihr kleines Trauerjournal 151

    6.1. Warum ein Trauerjournal so sinnvoll ist 151

    6.2. Ihr persönliches Trauerjournal 152

7. Sie schaffen das! Abschließende Worte 165

1. Einleitende Worte

Der Tod eines geliebten Menschen ist eine der schmerzhaftesten Erfahrungen unseres Lebens. Natürlich wissen wir, dass der Tod zum Leben dazugehört. Vielleicht macht die Vergänglichkeit das Leben sogar erst so schön, bedeutsam und einzigartig. Doch trotz dieses Wissens kann uns nichts darauf vorbereiten, was es heißt, jemanden zu verlieren. Menschen reagieren ganz unterschiedlich auf einen solchen Verlust. Während manche erst Tage oder Wochen brauchen, das Ganze zu begreifen, sehen andere sich vielleicht direkt mit einem Meer von Emotionen konfrontiert, überfordert, damit umzugehen. Die Emotionen reichen dann von passiver Traurigkeit und Resignation bis hin zu Aggression, vielleicht sogar bezogen auf das Leben als solches.

Sollten Sie von einem solchen Verlust betroffen sein, dann sei Ihnen versichert, dass sich keiner auch nur anmaßen sollte, Ihre Gefühlswelt zu verstehen. All die

Jahre, die wir mit unseren Mitmenschen verbringen, sind ebenso bunt und vielfältig wie wir selbst, die wir nun trauern. Entsprechend unterschiedlich gehen wir auch mit dem Tod um. Doch trotz dieser Unterschiede gibt es auch Gemeinsamkeiten. Diese liegen einerseits in Erfahrungswerten, wie es uns mit der Zeit gelingen kann, mit der Situation umzugehen und diese zu verarbeiten. Andererseits ist jedem Verlust gemein, dass wir lernen, mit ihm zu leben, auch wenn das für Sie aktuell noch unvorstellbar sein kann. Hier wäre es ebenso schlicht eine Unwahrheit zu behaupten, dass irgendwann alles so wie vorher wäre. Das wird es nie sein. Und doch können wir es schaffen, die Vergangenheit als solche zu akzeptieren und die gemeinsame Zeit als das zu sehen, was sie war: Ein unglaubliches, zerbrechliches Geschenk, das uns leider nur für eine begrenzte Dauer vergönnt war.

Dieses Buch soll Ihnen ein Begleiter bis hin zu dem Punkt sein, an dem Sie wieder Land sehen, ruhig an den Strand treten, den Horizont mustern und neues Selbstvertrauen schöpfen. Im Rahmen dieser Reise werden Sie lernen, Ihre Gefühle besser einordnen zu können. Das gelingt am besten, wenn man versteht, was eigentlich gerade im eigenen Körper und der Seele passiert und was menschliche Trauer eigentlich ist. Darüber hinaus erfahren Sie auch mehr über den Prozess der Trauer und wie dieser verstanden und unterstützt werden kann. Denn Zeit allein ist nicht immer heilsam, sondern kann unter Umständen auch verbittern oder unerträglich erscheinen. Wenn wir die Zeit aber nutzen und uns der Vergangenheit stellen, statt uns vor ihrem Schrecken abzuwenden, kann sie eine große Hilfe sein. Doch auch dazu ist es hilfreich zu verstehen, welche Phasen der Trauer Menschen erleben und welche Möglichkeiten Sie in diesem Prozess haben.

Sie befinden sich vielleicht noch am Anfang eines Abschieds, dessen Lebewohl einer Reise gleicht. Lassen Sie sich auf dieser Reise begleiten und bewahren Sie sich Ihre Zuversicht.

1.1. Warum es in Ordnung ist zu trauern

Die Trauer ist ein emotionaler Zustand, der schnell überfordert. Sie fühlen sich vielleicht in einem Moment einfach nur betrübt und nachdenklich, nur um dann wieder eine irritierende Gereiztheit und Wut zu verspüren. Manche Trauernde verspüren zeitweise dagegen überhaupt nichts und beschreiben eine Leere, die dem Gemütszustand der Depression nahekommt. Und all diese Emotionen vermengen sich, kommen, bleiben und vergehen, ohne dass wir volle Kontrolle darüber hätten. Diese negative Unordnung im eigenen Ich überfordert schnell und belastet sehr.

Wir nehmen Gefühle aber nicht nur wahr. Stattdessen bewerten wir sie auch bewusst oder unbewusst. Das betrifft natürlich auch die Trauer mit all ihren Emotionen, die damit einhergehen. Vielleicht verspüren Sie nicht nur eines dieser Gefühle, sondern alle gleichzeitig. Der Weg zu Selbstvorwürfen ist dann nicht weit. Schließlich stehen Ihre Emotionen in Konflikt mit den Werten und Ansprüchen, die Sie an sich selbst und Ihre Umwelt haben.

Habe ich überhaupt das Recht, mich so gehen zu lassen? Wie kann ich es eigentlich meinen Kindern antun, nicht für sie da zu sein, sondern nur mit mir selbst beschäftigt zu sein? Ich habe Angst davor, die

Beherrschung zu verlieren. Warum bin ich nur so wütend? Bei der Arbeit muss ich doch funktionieren. Wie kann ich meine Kollegen nur so im Stich lassen? Das sind nur einige der Fragen, die Sie vielleicht jetzt plagen, nachts wachhalten und nicht mehr aus dem Kopf gehen wollen. Und sie sind ganz normal. Es ist vollkommen natürlich, dass ein Verlust große Wellen im Meer der Gefühle all jener schlägt, die dem Menschen nahestanden. Das kann schnell überfordern und zeitweise erkennt man sich vielleicht auch selbst nicht wieder. Doch ebenso wie der Verlust akzeptiert werden muss, sollten Sie auch anfangen, sich selbst als trauernde Person zu akzeptieren. Sie haben etwas Schlimmes erlebt. Sie haben ein Recht darauf, deshalb nun auch zu trauern. Schließlich ist die Trauer der Prozess, der es Ihnen letztlich erlauben wird, zu dem Menschen zu werden, der das Leben „danach" wieder wertschätzen lernt und aktiv bewältigt. So kann die Trauer auch als eine Form der Auseinandersetzung mit der Vergangenheit gedeutet werden, die wir aktuell noch nicht oder nur kaum begreifen können. Im Verlauf der Trauerarbeit, auf die später noch genauer eingegangen werden soll, arbeiten wir dieses Ereignis auf, das wir in seiner Plötzlichkeit oder Tragweite nicht sofort verstehen können. Allmählich lernen wir dann, den Tod als einen Teil des Geschehen und der Vergangenheit zu akzeptieren. Wie jeder andere Prozess ist auch die Trauer mit Veränderungen verbunden, die Ihnen vielleicht sogar Angst machen. Vielleicht wird sie sogar begleitet von Momenten einer Fremde, die Sie in sich selbst finden. Das Trauern wirft diese Fragen auf und hilft Ihnen dabei, sie nach und nach zu beantworten.

Und vergessen Sie nicht, dass auch Ihr Umfeld nicht nur den Verstorbenen schätzte und liebte, sondern diese Gefühle auch Ihnen entgegenbringt. Ihre Freunde und Familie leiden ebenso wie Sie selbst nicht allein, sondern mit Ihnen. Empfinden Sie also keine Scham, Ihre Trauer vor Ihren Liebsten zu zeigen. Sie werden dann auf ein Maß von Akzeptanz und Mitgefühl treffen, das Sie vielleicht gar nicht erwartet hätten. Natürlich kann es dennoch passieren, dass Ihnen ein Mitmensch einmal das Gefühl gibt, dass Ihre Trauer unangebracht wäre. Das ist dann aber oft nur sein unterbewusster Versuch, einen neuen Alltag zu etablieren oder die Vergangenheit auszublenden. Vielleicht kommt Ihr Gesprächspartner selbst schlecht mit der Situation zurecht und klammert sich an gewohnte Abläufe, die durch Ihre Trauerarbeit gestört werden. Häufig kann hier ein offenes Gespräch helfen deutlich zu machen, dass man selbst noch Zeit braucht.

Nehmen Sie sich also die Zeit, die Sie brauchen, um Abschied zu nehmen. Akzeptieren Sie all die Widersprüchlichkeit der Gefühle, die Sie täglich erleben. Sie teilen gerade mit dem Verlust einen intimen Moment menschlichen Seins. Diesen Moment erleben nicht nur Sie selbst, sondern auch all Ihre Freunde und Familie, die ebenfalls trauern. Verschließen Sie sich nicht dieser Phase, sondern behandeln Sie sich selbst wie einen guten Freund. Würden Sie Ihrem besten Freund raten, sich seinen Gefühlen zu verschließen? Wahrscheinlich nicht. Geben Sie sich die Chance zu heilen. Haben Sie den Mut, der Situation ins Gesicht zu sehen und nicht daran zu verzweifeln. Es ist vollkommen in Ordnung zu trauern.

1.2. Ein paar kraftspendende Worte

Jede Sache gibt es nur, weil sich etwas anderes von ihr unterscheidet. Ohne Schatten gäbe es kein Licht. Ohne Stille gäbe es keine Musik. Ohne Schwarz gäbe es keine blühenden Farben. Und ohne den Tod gäbe es kein Leben. Nehmen Sie diese Begleitung an, das Licht zu sehen, wo aktuell nur Dunkelheit herrscht. Fangen Sie wieder an, einen Weg aus der Stille zu finden und regen Sie sich wieder. Lassen Sie wieder Ihren Blick schweifen über all die Farben, von denen Schwarz nur eine ist.

Vielleicht finden Sie auch Trost und Inspiration in der menschlichen Kultur. Das kann einerseits die Kunst sein, die sich seit Menschheitsbeginn mit den Themen der Liebe und Verlusts als die zwei Kernstücke menschlichen Seins auseinandersetzt. In Gemälden, in der Literatur und in der Musik findet dieses Gefühl des Abschiednehmens auf unterschiedlichste Weise seine eigene Stimme. Wenn Sie dann diesen Stimmen lauschen, stellen Sie fest, dass Sie nicht allein mit Ihren Gefühlen sind, sondern dass Sie gerade eine der schmerzhaftesten Seiten des Menschseins erfahren, die wir alle teilen. Daneben können Ihnen auch der Glaube und die Religion Kraft geben. In diesem Zusammenhang ist es egal, ob Sie ein regelmäßiger Kirchgänger sind, sich seit Jahren nicht mehr mit dem Glauben beschäftigt haben oder Atheist sind. Falls Sie das Bedürfnis verspüren, im Rahmen Ihrer Trauerarbeit Halt in Religion zu finden, dann finden viele Menschen auch hier Antworten.

Sie haben mit der Person Jahre, ja vielleicht sogar Jahrzehnte verbracht. In dieser Zeit haben Sie gemeinsam erlebt, was Leben heißt, in all seinen strahlenden Farben, in seiner rasanten Entwicklung, in all seiner Freude. Diese Zeit ist nun zum Ende gekommen. Das letzte Kapitel des Buches ist beendet und der Erzähler ist verstummt. Manchmal mag die Stille nun unerträglich erscheinen, die sich wie Schnee über den Alltag legt. Hören Sie aber genau hin. Die Geschichte, die Sie mit der geliebten Person verband, war nur eine von vielen. Im Chor Ihres Lebens ist eine Stimme verstummt. Und doch singt der Chor weiter. Vielleicht gerade nur zaghaft, voller Trauer,

Verzweiflung und Scham. Doch auch der Chorgesang wird wieder an Kraft gewinnen. Auch Sie werden wieder andere Geschichten mit Menschen schreiben können, die der bunten Schönheit des Lebens gerecht werden. Auch Sie werden irgendwann wieder das gemeinsame Buch mit Ihrem geliebten Menschen aufschlagen können und nicht Tränen der Trauer auf den Wangen, sondern ein sanftes Lächeln der Dankbarkeit auf den Lippen haben, diese gemeinsame Zeit erlebt zu haben.

1.3. Wie Sie dieses Buch nutzen sollten

Dieses Buch soll Ihnen ein Begleiter sein, der Ihnen wie ein Kompass helfen soll, den Weg der Trauer zu gehen. Dabei ist dieses Buch ganz klar kein Rezept oder Werkzeug, das einfach nur richtig eingesetzt wird, um die Trauer möglichst schnell zu überwinden. Dafür sind wir alle viel zu verschieden. Stattdessen sollen Sie hier neue Eindrücke und Informationen finden, die Sie dazu befähigen sollen, selbst handelnder Akteur in der Situation zu werden. Dann sind Sie nicht mehr nur der Hinterbliebene, der seine Emotionen selbst nicht versteht und frustriert feststellt, dass er aktuell keinen Ausweg mehr sieht. Vielmehr soll Ihnen dieses Buch dabei helfen, zumindest für einen Moment zurückzutreten, die eigenen Bedürfnisse wahrzunehmen und zu verstehen und akzeptieren, warum man selbst aktuell so fühlt und denkt. Vielleicht finden Sie hier praktische Hinweise, die dabei helfen, den Alltag zu meistern oder bestimmte Dinge zu verstehen. Vielleicht finden Sie aber auch Inspiration und ein Stück Lebensfreude in dieser düsteren Zeit, um selbst beherzt den nächsten Schritt zu machen. Sie dürfen dieses Buch also so gebrauchen, wie es sich für Sie gut anfühlt. Wenn auch nur ein guter Hinweis dabei war, der Sie dabei unterstützt, den nächsten Schritt in der Trauerarbeit zu gehen, ist bereits etwas gewonnen.

Allerdings stößt dieses Buch manchmal auch an seine Grenzen. Vielleicht verspüren Sie auch längerfristig eine unerträgliche Traurigkeit und haben Probleme, selbst nach einiger Zeit wieder in den Alltag zu finden. Vielleicht sind Ihre Gefühle aber auch so stark, dass Sie manchmal Angst davor haben und nicht mehr damit umgehen können. In diesem Fall ist es ratsam, von entsprechenden Angeboten Gebrauch zu machen, die auf Trauerbewältigung spezialisiert sind. Es gibt beispielsweise Trauerbegleiter, die Sie auf Ihrem Weg unterstützen können. Doch auch das Gespräch mit Menschen, die Ihnen nahestehen, kann manchmal mehr bewirken, als es tausend Buchseiten könnten.

Sehen Sie dieses Buch also als ein Werkzeug von vielen, das Sie nach eigenem Ermessen einsetzen können, um Ihre neue Zukunft zu erschaffen.

2. Körper und Geist! Was Ihnen signalisiert wird.

Unser Körper und Geist sind untrennbar verbunden. Dieser Zusammenhang besteht bereits vor der Geburt. Die Psyche von Müttern wirkt sich beispielsweise nachweislich auf die Gesundheit der Kinder aus. Mütter, die im Verlauf der Schwangerschaft einen dauerhaft hohen Stresslevel haben, brachten auch häufiger Kinder mit einem geschwächten Immunsystem zur Welt. Diese Kinder hatten dann ein deutlich erhöhtes Risiko, im Verlauf Ihres Lebens an Asthma oder anderen Krankheiten zu leiden. Bereits dieses Beispiel macht die Tragweite des Zusammenhangs klar. Natürlich besteht dieser Zusammenhang auch in uns selbst. Es lässt sich beispielsweise beobachten, dass bestimmte Emotionen auch direkte Auswirkungen auf unser Gehirn und unsere Organe haben. Wer beispielsweise Stress empfindet, hat auch nachweislich eine veränderte Gehirnaktivität sowie eine erhöhte Herzfrequenz. Gleiches gilt natürlich auch für die Trauer, die sich ebenfalls vielfach auf unseren Körper auswirkt. Im Folgenden wollen wir Ihnen deshalb eine Übersicht geben, was derzeit in Ihrem Gehirn und Ihrem Körper passiert. Dadurch können Sie auch besser verstehen, warum es aktuell ganz normal ist, dass Sie vielleicht gerade schlecht schlafen, kaum Appetit haben oder mit den Gedanken häufig woanders sind.

2.1. Was in Ihrem Gehirn passiert

Unser Gehirn ist die Schaltzentrale unseres Denkens und Fühlens. Gleichzeitig ist es auch für das Bewahren unserer Erinnerungen verantwortlich. Es ist somit auch nicht verwunderlich, wenn sich die Vorgänge in Ihrem Gehirn nach einem Verlust zumindest zeitweise verändern.

Wissenschaftler interessieren sich seit langer Zeit dafür, was mit uns passiert, wenn wir um uns nahestehende Personen trauern. Dabei fanden sie einerseits heraus, dass die einsetzenden Prozesse

Ähnlichkeiten mit anderen Formen der Trauer und Traumata haben. So ähnelt die Trauer nach einem Tod beispielsweise jener, die nach einer endgültigen Trennung vom Partner oder anderweitigen nachhaltigen Lebensveränderungen eintritt. In all diesen Fällen stellt sich unser Gehirn auf eine uns neue Situation ein und muss gleichzeitig realisieren, dass es die uns bekannte Vergangenheit nicht mehr gibt. Andererseits konnten Psychologen inzwischen auch nachweisen, dass die Trauer Angehöriger nach einem Tod besonders starke Auswirkungen auf das Gehirn und damit auch die geistige und mentale Leistungsfähigkeit hat. Eine dänische Studie untersuchte beispielsweise im Langzeitverlauf, wie sich ein Unternehmen entwickelt, nachdem dessen Geschäftsführer den Tod einer nahestehenden Person verarbeiten musste. Dabei kam es zu erstaunlichen Ergebnissen. Sobald es zum Tod eines Familienmitglieds kam, gingen die Umsätze zeitweise um 10 % zurück. Handelte es sich um den Partner, betrug dieser Wert durchschnittlich 15 %. Im Falle des eigenen Kindes führte die Trauer sogar zu einem

Rückgang von 20 %. Diese Studie macht deutlich, dass der Trauerprozess selbst bei Spitzenkräften starke Auswirkungen auf die geistige Leistungsfähigkeit hat und damit ganz normal ist. Falls Sie sich also nur schwer konzentrieren und kaum auf die Arbeit einlassen können, dann sind Sie mit diesem Problem nicht allein. Stattdessen geht es selbst Spitzenmanagern so, dass sie leistungsmäßig messbar unter der Situation leiden.

Doch was passiert genau im Gehirn von Trauernden? Mit dieser Frage beschäftigen sich vor allem Psychologen und Neurologen. Bei ihrer Suche stießen sie einerseits auf das Ergebnis, dass unser Gehirn in der akuten Trauerphase auf eine Art Notbetrieb umschaltet. In diesem wird der Verlust verdrängt. Würde unser Gehirn keinerlei solche Unterdrückung vornehmen, wären wir kaum überlebensfähig. Stattdessen werden die Erinnerungen und Emotionen gefiltert und teilweise in das Unterbewusstsein verlagert. Das erklärt auch, warum manche nach dem Tod eines Angehörigen nur eine Woche später wieder zur Arbeit gehen und wie immer auftreten, wohingegen andere Monate brauchen, um wieder in den Alltag zu finden. Hier liegt der Unterschied in der Regel nicht darin, dass einem der Mensch unterschiedlich viel bedeutet hätte. Stattdessen fährt bei manchen Trauernden einfach der Schutzmechanismus stärker hoch, was sehr früh wieder einen Alltag erlaubt. Allerdings ist dieser Notbetrieb nicht zu verwechseln mit der erfolgreichen Bewältigung der Situation. Zwar wurde der Verlust zeitweilig erfolgreich verdrängt. Im Unterbewusstsein spielt er aber weiterhin eine gewichtige Rolle, da er nicht verarbeitet wurde. Erfolgt dann auch in der Folgezeit keine Verarbeitung und bleibt der Körper in diesem Notbetrieb, kann das langfristige negative Folgen für die psychische und physische Gesundheit haben.

Des Weiteren wirkt sich die Trauerarbeit auch messbar auf unser Gedächtnis aus. So scheint die Fähigkeit, neue Erinnerungen zu bilden, in der Zeit nach einem Trauma gestört. Deshalb kann es auch sein, dass Sie sich noch an die letzten gemeinsamen Monate mit dem Verstorbenen erinnern, aber nicht mehr genau wissen, was Sie gestern eigentlich alles gemacht haben. Diese Verschlechterung der Erinnerungsleistung kann als eine direkte Folge des zuvor genannten Schutzmechanismus gewertet werden, der die neue Realität nur nach und nach an Sie heranlässt. Hier wären die Gründe vor allem psychologischer Art. Doch auch Neurologen kennen eine mögliche Antwort auf die Frage, warum die Erinnerungsleistung geschwächt ist. So konnte nachgewiesen werden, dass die hohen Cortisolwerte, die im Zuge dieser stressvollen Phase bestehen, direkte Auswirkungen auf die Größe und Aktivität des präfrontalen Cortex haben. Da dieser Bereich für die Verarbeitung von Emotionen und Erinnerungen zuständig ist, verwundert dieser Befund nicht.

Darüber hinaus konnten Neurologen nachweisen, dass die Hirnaktivität in all jenen Bereichen gesteigert ist, die sonst für die Verarbeitung von Emotionen und physischen Schmerzen verantwortlich sind. Im Falle einer langen Trauerphase gehen die Veränderungen sogar so weit, dass der empfundene Schmerz mit einer gesteigerten Aktivität des Belohnungszentrums einhergeht. In der Folge kommt es deshalb zu einer ständigen Auseinandersetzung mit der Trauerarbeit, die zumindest in den Hirnströmen den Vorgängen bei einer Sucht ähnelt.

Bei all diesen Auffälligkeiten, die im Gehirn des Trauernden bestehen, ist aber wichtig zu betonen, dass es sich um reversible funktionelle und selten auch organische Veränderungen handelt. Das bedeutet, dass Ihr Gehirn wieder die ursprüngliche Leistungsfähigkeit und den ursprünglichen Zustand einnehmen kann, sobald die Trauerarbeit abgeschlossen ist. Sie brauchen demnach nicht zu fürchten, dass es zu dauerhaften Veränderungen oder Einschränkungen Ihrer kognitiven Leistungsfähigkeit kommen könnte. In dieser akuten Phase sollten Sie einfach verstehen, dass es ganz normal ist, wenn Sie sich geistig nicht so klar fühlen wie sonst.

2.2. Was mit Ihrem Körper passiert

Wenn wir trauern, passiert auch allerlei in unserem Körper. Diese Reaktionen sind ein Teil des Trauerprozesses und unser Körper braucht einige Zeit, sich wieder zu stabilisieren. Schließlich können unter anderem das vegetative Nervensystem und unser Hormonhaushalt aus dem Gleichgewicht geraten. Unser Körper wird dadurch nach einem Trauma in einen dauerhaften Alarmzustand versetzt, was sich in vielfacher Weise äußern kann.

Es kommt zunächst häufig zu Verdauungsproblemen. Der Grund dafür wurde bereits genannt. Unser vegetatives, also unser automatisches Nervensystem, ist für die Verdauung zuständig. Dabei hängt der Zustand des vegetativen Nervensystems vor allem von zwei Nerven ab, dem Sympathikus und dem Parasympathikus, die dafür sorgen, dass unser Körper „hochfährt" oder eben zur Entspannung kommt. Durch das Trauma des Verlusts kann sich der Parasympathikus, also der Entspannungsnerv, nicht mehr durchsetzen. In der Folge kommt es auch zu Verdauungsproblemen, da die Verdauung stark vom Grad der Entspannung abhängt. Manche Hinterbliebenen erleben zudem auch ein Gefühl der Appetitlosigkeit, das bis hin zum zeitweiligen Essensverzicht reichen kann. Sollten Sie unter diesen

Problemen leiden, können Sie beispielsweise Verstopfungen mit Hausmitteln oder üblichen Medikamenten behandeln. Sollten die Probleme mit dem Verdauungstrakt jedoch länger bestehen, erscheint ein Arztbesuch sinnvoll.

Wie gerade erklärt, fährt unser Körper in dieser Trauerphase dauerhaft hoch, auch wenn eigentlich bereits keine Energie mehr für diesen Alarmzustand vorhanden ist. Das macht uns verwundbarer gegenüber Krankheiten. Schließlich ist auch Ihr Immunsystem vorübergehend geschwächt, weshalb es leichter zu einer Erkältung oder Grippe kommen kann. Dieser Umstand wird vor allem dann bedenklich, wenn Sie bereits ein geschwächtes Immunsystem haben oder an einer anderen chronischen Krankheit leiden. Auch hier empfiehlt sich der Gang zum Arzt, der das Immunsystem beispielsweise auch medikamentös unterstützen kann und bestehende Vorerkrankungen überwacht.

Hinsichtlich des Schlafbedürfnisses verhalten sich Hinterbliebene sehr unterschiedlich. Während es manche in der Nacht über Wochen auf keine sechs

Stunden Schlaf bringen, schlafen andere Menschen nach einem Trauma täglich zwölf Stunden und länger. Beide dieser Schlafmuster sind natürlich vor allem auf Dauer ungesund und lassen sich unterschiedlich erklären. Sollten Sie nachts keinen Schlaf finden können, dann zeigt Ihr Körper noch eine direkte Reaktion auf das Trauma. Auch Ihr Körper weiß, dass es etwas Schreckliches passiert ist und will bereit sein, etwas an der Situation zu ändern. Erst wenn Ihr Unterbewusstsein die Tatsache zunehmend akzeptiert, wird sich auch Ihr Schlafverhalten wieder zunehmend normalisieren. Das andere Extrem des Vielschläfers kann wiederum als eine Form der Realitätsverweigerung gedeutet werden und geht nicht selten mit Formen depressiver Verstimmungen einher. In diesem Fall gibt Ihnen der Schlaf auch nicht mehr neue Energie, sondern dient nur noch als unproduktive Form der Situationsvermeidung.

Entsprechend all diesen körperlichen Reaktionen verändert sich bei vielen Trauernden auch das Gewicht. Manche Trauernde nehmen spürbar zu, da sie sich weniger bewegen und tendenziell mehr oder ungesundes Essen konsumieren. Letzteres ist ebenfalls eine normale Reaktion unseres Körpers auf Alarmzustände. Aufgrund des erhöhten Stresslevels glaubt der Körper, dass er mittels fettiger oder süßer Nahrung „Notfalldepots" anlegen müsste. Gleichzeitig wirkt das Essen von Fett und Zucker stimmungsaufhellend, weshalb es ebenso oft unterbewusst erfolgt. Bei vielen Hinterbliebenen ist wiederum genau das Gegenteil der Fall und sie verlieren sichtbar an Gewicht. Hierfür gibt es ebenfalls eine Vielzahl von Gründen. Zunächst ist der tägliche Grundumsatz gemäß dem bestehenden Stresslevel erhöht. Zudem fehlt vielen Trauernden aber auch ein fester Tagesablauf und Essen wird als ein Teil des nun irrelevanten Alltags angesehen, der nicht mehr ritualisiert abläuft. Stattdessen werden Mahlzeiten übersprungen und nur gegessen, wenn der Hunger gerade bewusst wahrgenommen wird.

Abschließend gibt es auch noch einige seltene Erkrankungen, die in Zusammenhang mit dem Erleben eines Traumas stehen. Es ist äußerst unwahrscheinlich, dass es bei Ihnen dazu kommt. Aus präventiven

Gründen ist es trotzdem sinnvoll, zumindest davon gehört zu haben. Hierzu gehört beispielsweise die Stress-Kardiomyopathie, die umgangssprachlich als das Broken-Heart-Syndrom bezeichnet wird. Hierbei handelt es sich um eine Funktionsstörung des Herzens, die hinsichtlich der Symptome einem Herzinfarkt ähnelt. So verspürt der Betroffene auch hier plötzlich einsetzende, stechende Brustschmerzen, weshalb viele zunächst einen Herzinfarkt vermuten. Allerdings liegt beim Broken-Heart-Syndrom kein Verschluss eines Herzkranzgefäßes vor wie es beim Herzinfarkt der Fall ist. Stattdessen kommt es zu einer Verkrampfung des Herzmuskels. Aktuell geht die Wissenschaft davon aus, dass dies das Ergebnis eines dauerhaft erhöhten Stresslevels ist, was wiederum die Erregungsleitung innerhalb des Nervensystems im Herzbereich stört. Bei manchen Betroffenen gesellen sich zu dieser akuten Phase auch Herzrhythmusstörungen, die über Tage bis wenige Wochen anhalten. In der großen Mehrheit der Fälle bildet sich das Broken-Heart-Syndrom nach einiger Zeit wieder von selbst zurück. Da es in seltenen Fällen auch zu schwereren Komplikationen kommen kann, sollten Sie dennoch sofort einen Arzt aufsuchen, falls Sie Beklemmungsgefühle oder ein Stechen im Brustbereich wahrnehmen, selbst wenn es nach kurzer Zeit wieder abklingt.

Wie nun deutlich wurde, leidet nicht nur unser Geist unter dem Verlust. Unser gesamter Körper zeigt deutliche Symptome der Trauer. Umso wichtiger ist es deshalb zu verstehen, dass die körperlichen temporären Veränderungen ein natürlicher Teil des Abschieds sind und Sie vielleicht für einige Zeit begleiten. Im nächsten Kapitel erfahren Sie, was Sie konkret tun können, um die geistigen und körperlichen Symptome zu lindern und diese Phase der Trauer zu überwinden.

2.3. Können wir Trauer einfach wegmachen?

Die Trauer kann als eine Emotion angesehen werden, die als Reaktion auf ein Trauma – also den Verlust Ihres Mitmenschen – eintritt. Unsere Emotionen sind gemäß ihrer Definition nachweisbar und messbar, indem ein Arzt beispielsweise die Neurotransmitter im Blut misst. Gleichzeitig zeichnen sich Emotionen aber auch dadurch aus, dass wir sie nicht nur wahrnehmen, sondern auch beeinflussen können. Heißt das aber gleichzeitig auch, dass wir unsere Trauer direkt beeinflussen oder vielleicht sogar einfach wegmachen können? Ja und nein.

Allein schon die Frage, ob wir unsere eigenen Emotionen irgendwie steuern können, beschäftigt die Wissenschaft schon lange. Heute werden alle Versuche zur Emotionssteuerung dem Forschungszweig der Emotionsregulation zugeordnet. Dabei fanden Wissenschaftler heraus, dass es eine Reihe von Maßnahmen gibt, die zu kognitiven Veränderungen in der Wahrnehmung führen.

Hierbei handelt es sich einerseits um die Neubewertung einer Situation. Bei dieser Neubewertung verlässt sich der Betroffene nicht mehr auf seine intuitive erste Reaktion, sondern verleiht der Situation bewusst eine neue und reflektierte Bedeutung. Der Tod eines Menschen wäre für die Hinterbliebenen eine solche Situation, die im ersten Moment häufig als sinnloser, zerstörerischer Akt gedeutet wird, der nichts als Schmerz bedeutet. Eine

Umdeutung dieser Situation fällt nicht nur schwer, sondern erscheint vor allem zu Beginn kaum angebracht. Warum sollten Sie diesem Verlust künstlich eine beschönigende Bedeutung zuschreiben? Doch auch wenn Sie mit diesem Konzept hadern und auch keine religiösen oder spirituellen Überzeugungen teilen, kann Sie eine Neubewertung unterstützen. Ein bewusstes gedankliches Zurücktreten kann dabei helfen, den Tod als Teil des Gesamtbilds zu sehen. Eine Ehepartnerin sieht den Tod ihres Mannes dann vielleicht nicht mehr als ein schreckliches und traumatisches Ereignis, das ausschließlich mit dem Tag der Beerdigung verbunden ist. Stattdessen kann der Verlust dann als das Ende einer glücklichen und langen Beziehung angesehen werden, die das eigene Leben für eine so lange Zeit unendlich bereichert hat. Der Tod verliert dann Stück für Stück den Schrecken des alleinstehenden Ereignisses und wird zu einem Bestandteil der Erinnerung an die gemeinsame Zeit. Allmählich sind Sie dann auch in der Lage, wieder mit Dankbarkeit und irgendwann auch Freude in die Vergangenheit zurückzublicken. Dieser Weg der

Neubewertung kann nicht erzwungen werden und gelingt auch nicht immer so schnell wie erwünscht. Er ist vielmehr ein Prozess, der durch den Betroffenen angestoßen werden muss und sich dann im Verlauf der Auseinandersetzung mit der Vergangenheit vollzieht. Wenn Sie auf die Vergangenheit und die verstorbene Person zurückblicken, dann wird aktuell das meiste wahrscheinlich von dem schmerzhaften Abschied überschattet. Nehmen Sie sich aber auch bewusst Zeit, an die schönen und erfüllenden Momente zurückzudenken, die Sie gemeinsam hatten. Hier ist es besonders hilfreich, die eigenen Gedanken und Gefühle mit anderen Menschen zu teilen. Dabei ist es eigentlich unerheblich, ob der andere auch um den Verstorbenen trauert oder ihn nicht einmal kannte. Viel wichtiger ist es, dass Sie Ihre Gedanken formulieren und teilen. Denn bereits durch das Verbalisieren unserer Gedanken und Gefühle sind wir einerseits gezwungen, uns diesen überhaupt bewusst zu werden. Andererseits müssen wir so unserer Wahrnehmung aber auch eine zunehmende Struktur verleihen. Durch das Teilen Ihrer Trauer lernen Sie dann auch selbst besser, diese in Ihrer Komplexität zu verstehen. Oft kann Ihnen Ihr Gesprächspartner zudem zusätzlich spiegeln, wie er Sie gerade wahrnimmt oder einfach nur durch seine Anteilnahme Trost spenden. Falls Sie das Gefühl haben, dass Sie diese sehr intimen Gedanken nicht mit anderen teilen wollen oder Angst haben, andere Hinterbliebene damit zu belasten, kann oft auch das Gespräch mit einem Spezialisten helfen. Ein Trauerbegleiter oder Psychologe kann Ihnen nicht nur als anonymer Unbeteiligter zuhören, sondern kann Ihnen auch gezielte gedankliche Impulse geben, wie Sie in Ihrer eigenen Trauerbewältigung weiterkommen können. Dazu gibt es beispielsweise spezielle Fragetechniken und Methoden, die eine Aufarbeitung der Vergangenheit erlauben.

Darüber hinaus gibt es innerhalb der Verhaltens- und Psychotherapie inzwischen einige Methoden, mit denen die eigenen Emotionen gesteuert oder zumindest beeinflusst werden können. Diese beziehen sich auf alle Situationen und Gefühle, weshalb sie für die Trauerarbeit nur eingeschränkt anwendbar sind. Dennoch gibt es einige Hinweise und Methoden, die auch Ihnen in dieser schweren Zeit helfen können. Hierbei handelt es sich um die bewusste Veränderung der gedanklichen Auseinandersetzung mit Erinnerungen. Falls Sie also gerade merken, wie Sie damit beginnen, an die Beerdigung und den Abschied vom geliebten Menschen zu denken, kann ein solcher bewusster Eingriff erfolgen. Statt also an die Trauer des Abschieds zu denken, können Sie auch ganz bewusst an die schönen Momente denken, die Sie gemeinsam erlebt haben. Stellen Sie sich Ihre Gedanken und damit verbundenen Emotionen wie ein Spotlight vor, das willkürlich über die Ereignisse unserer Vergangenheit schweift und aktuell oft zum Beispiel bei der Beerdigung stehen bleibt. Sie haben die Kraft, dieses Spotlight weiter zu bewegen und auf schönen gemeinsamen Momenten ruhen zu lassen. Darüber hinaus können wir aber auch unsere Reaktion auf Emotionen selbst beeinflussen. Natürlich geht dann die Trauer nicht weg. Aber wir fühlen uns ihr dann nicht mehr ausgeliefert oder machtlos, sondern können sie viel eher annehmen. Wenn Sie sich dann etwa leer und kraftlos fühlen, wäre Ihre natürliche Reaktion häufig der passive Rückzug im eigenen Zuhause. Hier kann es hilfreich sein, sich dennoch zu einer Aktivität zu zwingen, wie etwa ein ausgedehnter Spaziergang oder das Treffen mit einer guten Freundin. Hierdurch merken Sie, dass Sie Ihren Emotionen und der Trauer nicht schutzlos ausgeliefert sind. Und oft wird es dann sogar so sein, dass Sie sich nach der Unternehmung oder anderweitigen, außergewöhnlichen Reaktionen auf die Emotion besser fühlen. So behalten Sie die Kontrolle und können Ihre Trauer zwar nicht einfach abstellen, aber zumindest aktiv mit ihr umgehen.

Des Weiteren wirken sich ebenfalls die Lebensgewohnheiten messbar auf die Emotionen und damit auf die Trauer aus. Das macht nur wieder deutlich, wie eng unser Körper und Geist verzahnt sind. Selbst wenn es unserem Geist schlechtgeht, kann er von einem achtsamen Umgang mit unserem Körper profitieren. Als die drei Hauptelemente gelten dabei Schlaf, Ernährung und körperliche Aktivität. Hier konnte in zahlreichen Studien nachgewiesen werden, dass sich das emotionale Wohlbefinden von Probanden verbessert, die eine gesunde Lebensweise pflegen. Für

Trauernde ist dieser Umstand besonders relevant, da es mit Emotionen wie Reue, Trauer, Hass oder Angst schwerfällt, auf sich selbst zu achten. Doch auch wenn es Ihrem eigentlichen Antrieb und Verlangen widerspricht, können ausreichend Schlaf, eine gesunde Ernährung und körperliche Aktivität doch spürbar dazu beitragen, dass sich Ihre Stimmung langfristig stabilisiert. Der Schlaf ist gleich aus zweierlei Gründen wichtig. Einerseits schafft er Distanz zur Vergangenheit, was wir als eine Abschwächung unserer Emotionen wahrnehmen. Andererseits unterstützt er aber auch die unbewusste Bewältigung der Vergangenheit, indem er es auch unserem Unterbewusstsein erlaubt, das Erlebte zu bewerten und in den Kontext der eigenen Erinnerung zu setzen. Eine gesunde Ernährung unterstützt wiederum Ihr Immunsystem in einer Zeit, in welcher der anhaltende Stress anfällig für Krankheiten macht. Und die körperliche Betätigung gilt nachweislich als ein effektives Antidepressivum. Das konnte auch in einer großangelegten Metaanalyse der Medical School Hamburg eindrucksvoll nachgewiesen werden, in der die Wissenschaftler zahlreiche Studien der letzten zwei Jahrzehnte mit rund 150.000 Teilnehmern untersuchten. Dabei konnten sie nachweisen, dass sich insbesondere Ausdauersport signifikant, also messbar und relevant, auf Ängste und depressive Verstimmungen auswirkt und diese messbar abschwächt. Als Grund für diese Wirkung wird der beim Sport ansteigende Serotoninspiegel vermutet. Wir brauchen den Neurotransmitter Serotonin im Gehirn, damit die Erregungsleitung der Nerven reibungslos abläuft und Informationen korrekt verarbeitet werden. Ein Trauma und psychischer Stress senken nachweislich den Serotoninspiegel, was die Leistungsfähigkeit und das Wohlbefinden erheblich beeinträchtigen kann. Hier kann Sport als Ausgleich fungieren.

Einfach wegmachen können Sie Ihre Trauer also nicht. Hier helfen weder Gedankenspiele noch bestimmte Verhaltensweisen. Sehr wohl können Sie aber die Rahmenbedingungen schaffen, die es Ihnen erlauben, allmählich loszulassen und den Weg in ein neues Leben zu finden. Haben Sie also den Mut, Dinge für sich zu tun, auf die Sie im Moment vielleicht keine Lust haben oder deren Sinn Sie gerade nicht sehen. Achten Sie auf sich und die Trauer wird mit der Zeit neuen Gefühlszuständen weichen.

2.4. Sie müssen nicht leiden!

Vielleicht erscheint Ihnen Ihr Leben derzeit unerträglich. Wenn die ersten und letzten Gefühle eines Tages nichts als Trauer und Wut sind, dann fällt es schwer, mit Optimismus in die Zukunft zu blicken. Gleichzeitig fällt es aber auch schwer, überhaupt für sich selbst und andere da zu sein. Das alles ist Teil des Trauerprozesses, den Sie gerade erleben. Gleichzeitig sollten Sie aber auch zunehmend erkennen, dass Sie nicht unnötig leiden müssen.

Viele Dinge liegen außerhalb unseres Einflussbereichs. Das gilt natürlich auch für alle Formen des Abschiednehmens, die manchmal auch für immer sind. Doch während wir die Situation nicht ändern können, steht es uns dennoch frei, den Umgang mit dem Tod zu wählen. An dieser Stelle sei auf eine Anekdote des Psychologieprofessors Jordan Peterson aus seinem

Bestseller „12 Rules for Life" verwiesen, in denen er sich der Thematik der Verantwortung gegenüber uns selbst widmet.

Seinen Überlegungen ging Peterson ein interessanter, wissenschaftlicher Befund voraus. Eine kanadische Studie konnte nachweisen, dass Menschen in der Mehrheit der Fälle ihnen verschriebene Medikamente nicht zuverlässig einnahmen. Anders gestaltete sich die Situation bei Hundebesitzern. Sobald dem Hund ein Medikament verschrieben wurde, sorgten die Besitzer fast immer dafür, dass der Hund alle Dosen bis zum Ende verlässlich einnahm. Diese Studie war für Peterson Anlass darüber zu reflektieren, wie es sein kann, dass wir oft so rücksichtslos mit uns selbst sind. Vielleicht geht es Ihnen gerade genauso. Zwar wissen Sie natürlich, dass ein geregelter Tagesablauf, regelmäßige Schlafenszeiten und Bewegung an der frischen Luft gut für Sie wären. Dennoch wiegt die Trauer vielleicht einfach zu schwer und Sie geben sich der Lethargie und Passivität hin. Jordan Peterson gibt nach Schilderung dieses Beispiels einen einfachen Rat. Demnach solle sich jeder, der sich gerade in einer schwierigen Lage befindet, in der er selbst nicht in seinem besten Interesse handelt, wie den eigenen besten Freund behandeln. Würden Sie zulassen, dass sich Ihre beste Freundin nach dem Tod ihres Bruders zu Hause einschließt und kaum noch vor die Tür tritt? Würden Sie nicht Ihren Partner unterstützen und etwas Gutes kochen, wenn er erst vor einer Woche seine Mutter verloren hat und kaum etwas isst? Wir alle können nicht aus unserer Haut. Trauen Sie sich aber zumindest einen kurzfristigen Perspektivwechsel und stellen Sie sich die Frage, was Sie jetzt wirklich brauchen. Denn was Sie aktuell wollen, selbst wenn es nichts ist, entspricht vielleicht nicht Ihren wirklichen Bedürfnissen. Wenn Sie dann anfangen, in dieser schrecklichen Zeit nicht auch noch schrecklich zu sich selbst zu sein, dann finden Sie bald auch den Weg aus der Trauer heraus.

Doch wie geht es eigentlich Menschen allgemein, die einen Weg aus der Trauer suchen? Geht es den meisten Trauernden nach einiger Zeit wieder gut oder gibt es auch Menschen, die selbst Jahre nach dem Tod eines geliebten Menschen nicht darüber hinwegkommen?

Die folgenden Untersuchungen können hier aufschlussreich sein. George Bonanno, Professor an der Columbia University, schaute sich den Langzeitverlauf des Empfindens bei Trauernden genauer an. Hierzu begleitete er Trauernde über zwei Jahre, um festzustellen, wie es ihnen im Verlauf der Zeit psychisch erging. Am Ende kam er zum Ergebnis, dass prinzipiell vier Typen der psychischen Trauerbewältigung zu unterscheiden sind.

Am häufigsten stieß er dabei auf den Typ der Resilienz. Unter Resilienz lässt sich die psychische Widerstandsfähigkeit verstehen, dank welcher Belastungsfaktoren und Traumata ohne Schaden überstanden werden können. Etwa jeder dritte Mensch gehört zu dieser Gruppe. Falls Sie sich also bereits Vorwürfe machen, ob Sie den Verstorbenen vielleicht nicht wirklich geliebt und geschätzt haben und warum Sie nach dessen Tod nicht in eine tiefe Sinnkrise stürzen, könnte hier die Antwort liegen. Vielleicht sind Sie einfach äußerst resilient und können damit auf persönliche und soziale Ressourcen zurückgreifen, die es Ihnen erlauben, relativ unbeschadet durch diese schwere Zeit zu gehen.

Am zweithäufigsten stieß Bonanno auf den chronischen Typ. Hierbei handelt es sich um Trauernde, die auch zwei Jahre nach dem Verlust weiterhin ein erhöhtes Stresslevel zeigen und spürbar durch die Situation belastet sind. Diese lange Form der Trauer betraf etwa 30 % aller Hinterbliebenen. Machen Sie sich also keine Selbstvorwürfe, auch wenn es Ihnen noch nach über einem Jahr schwerfällt loszulassen. Das geht vielen so.

Fast ebenso viele Menschen konnte er aber dem geheilten Typ zuordnen. Diese zeigten zu Beginn starke Symptome psychischen Stresses, der jedoch im Laufe der zwei Jahre abnahm und schließlich verschwand. Etwa ein Viertel der Probanden zeigten dieses Trauermuster.

Letztlich stieß Bonanno bei etwa jedem 10. Betroffenen auf ein Verhaltensmuster, das er später als den verzögerten Trauertyp deklarierte. Hier zeigten die Hinterbliebenen zunächst kaum Zeichen traumatischer

Belastung, weshalb er sie schon dem resilienten Typ zuordnen wollte. Nach einigen Tagen bis sogar Monaten änderte sich diese scheinbare Unberührtheit und schlug in eine starke Trauer um, die dann entweder dem chronischen oder geheilten Typ entsprach. Manchmal dauert es einfach, bis wir anfangen, das Unbegreifbare zu fassen. Verzweifeln Sie also auch nicht, wenn Sie die Trauer erst nachträglich überschwemmt. Ihr Geist lässt diese Trauer vielleicht erst jetzt an Sie heran, weil Sie bereit sind, mit ihr umzugehen.

Die Befunde von George Bonanno erschrecken und geben gleichzeitig Hoffnung. Festhalten lässt sich aber, dass zwei von drei Hinterbliebenen innerhalb von zwei Jahren wieder vollständig in den Alltag und die Freude am Leben finden. Gleichzeitig ist es aber wichtig zu betonen, dass manche Menschen einfach länger brauchen, um Abschied zu nehmen. Hier kann es dann auch sinnvoll sein, wenn Sie sich selbst an die Hand nehmen und die einfache Frage stellen: Was brauche ich, um mein Leid zu beenden? Vielleicht finden Sie auf diesen Seiten eine Antwort. Vielleicht hilft Ihnen das offene Ohr eines Freundes. Vielleicht kann Ihnen aber auch eine Trauerhilfe oder ein Therapeut dabei unterstützen, insoweit mit der Vergangenheit abzuschließen, dass Sie nicht nur traurig zurück, sondern auch zuversichtlich nach vorn blicken können.

Das Leid mag vielleicht nicht nach kurzer Zeit verschwinden, sondern kann auch einmal wiederkommen oder länger anhalten. Einfach abschalten oder ignorieren lässt es sich also nicht. Was Sie aber definitiv nicht müssen, ist unnötig zu leiden. Dass die Nacht am dunkelsten ist, kurz bevor der Tag beginnt, mag Ihnen an dieser Stelle wie eine unangebrachte Binsenweisheit erscheinen. Richten Sie sich aber auf und geben Sie dem Morgengrauen zumindest die Chance zu erscheinen. Sie müssen nicht unnötig leiden.

3. Die Phasen der Trauer

Der Tod eines geliebten Menschen ist ein tiefgreifendes Trauma. Falls Sie sich fragen, wie Sie diesen Schock überhaupt überstehen sollen, dann sind Sie nicht allein. Vor allem zu Beginn erscheint der Schmerz so groß, dass wir einfach nicht mehr wissen, wie wir damit umgehen sollen. Eine einfache Akzeptanz des Geschehen erscheint unmöglich. Und aus eben diesem Grund ist das Trauern auch so wichtig. Es hilft Ihnen, die Situation zu verarbeiten und langsam zu einer Akzeptanz der neuen Gegebenheiten zu gelangen. Die Wissenschaft setzt sich bereits seit langem mit der Trauerarbeit von Hinterbliebenen auseinander. Dabei kam es zur Entwicklung verschiedener Stufenmodelle, beispielsweise des Kübler-Ross-Modells oder der Trauerprozess nach Verena Kast. Diese bemühen sich darum zu erklären, wie Betroffene die Trauer in verschiedenen Phasen erleben und wie schließlich der Weg zurück in den

Alltag gelingt. Dabei findet nach anfänglicher Verdrängung eine allmähliche Aufarbeitung der Vergangenheit statt, die von starken Emotionen und Fragen begleitet wird. Irgendwann erreicht der Trauernde dann die Phase der Verzweiflung, in der er sich vollkommen seiner Trauer hingibt und den Tod nicht länger verdrängt. Abschließend beschreiben die Phasenmodelle den Weg aus der Trauer und hin zur Akzeptanz des Geschehenen. Hier erfahren Sie mehr über diesen Weg und wie Sie damit umgehen können, um in ein neues Leben zu finden. Dabei lernen Sie auch Anna und Elisabeth kennen. Beide mussten sich ebenfalls von ihrem Vater und Ehemann verabschieden und gingen unterschiedlich mit dieser Situation um. Doch bevor der Trauerverlauf genau vorgestellt wird, ist es wichtig, das Potential und die Grenzen dieser Modelle besser zu verstehen.

Die Trauermodelle zeichnen alle einen ähnlichen Grundverlauf ab. Doch trotzdem haben sie noch eine weitere Gemeinsamkeit: Sie sind pauschalisierend und nur bedingt auf Ihre Situation anzuwenden. Es kann beispielsweise sein, dass Sie für Monate in einer Phase verharren, wohingegen die Stufe zuvor gar nicht existierte oder kaum eine Rolle spielte. Zudem suggerieren Phasenmodelle, dass die Stufen der Verarbeitung streng getrennt wären. Das ist natürlich ebenfalls nicht der Fall. Stattdessen überlagern sich die Phasen häufig, was auch das Gefühlschaos erklärt, das Sie gerade erleben. Es ist kaum auszuhalten, so widersprüchliche Emotionen gleichzeitig zu empfinden. Schließlich widersprechen sich die Emotionen häufig und erscheinen manchmal auch unangemessen. So glauben viele Trauernde, dass sie kein Recht haben, so wütend und aggressiv zu sein. Gleichzeitig sind sie verunsichert, weil neben dieser Wut zum Beispiel auch Gleichgültigkeit oder vielleicht Sehnsucht besteht. Diese Kritik wird auch von der Wissenschaft geteilt. So konnten die Phasenmodelle, darunter auch das bekannteste von Kübler-Ross, nie empirisch einwandfrei nachgewiesen werden. Unter anderem gab es 2003 eine große Metastudie der Yales Universität, welche endlich Klarheit schaffen sollte, ob das 1969 erstmals veröffentlichte Kübler-Ross-Modell überhaupt in auf die Praxis anwendbar sei. Dabei kamen die Forscher zu gemischten Ergebnissen. Zwar ließen sich diese Phasen tatsächlich bei den Trauernden finden. Jedoch stellte sich im Zeitverlauf heraus, dass viele Trauernde oft eine oder mehrere Phasen übersprangen und manchmal nicht einmal die Reihenfolge gemäß des Modells ablief. Sie kamen deshalb zum Ergebnis, dass das Kübler-Ross-Modell, an dem sich auch das später vorgestellte Phasenmodell orientiert, zwar Relevanz für die Trauerbewältigung hat, empirisch aber nicht als ein starres, wissenschaftliches Konstrukt verstanden werden darf. Daneben gab es in der Vergangenheit auch weitere Kritik an derartigen Stufenmodellen. So blenden diese Stufenmodelle komplett die Umgebung aus, in welcher sich der Trauerprozess vollzieht. Dabei macht es einen erheblichen Unterschied, ob der Trauernde durch ein intaktes soziales Netz aufgefangen wird, oder ob er diese schwere Zeit allein bewältigen muss. Dabei dürfen Sie nie vergessen, dass Sie nie wirklich allein sind. Es gibt immer Menschen, denen Sie sich anvertrauen können und die Sie schätzen und lieben. Und selbst wenn Sie sich gerade in einer Lebensphase befinden, in der Sie keine solchen Kontakte pflegen, gibt es immer noch viele weitere Angebote, die Sie nun wahrnehmen können. Beispielsweise gibt es die Trauerbegleitung, bei der Ihnen Ansprechpartner zur Verfügung stehen, die speziell auf solche Situationen vorbereitet sind. Und Sie werden später auch wieder Menschen kennenlernen, mit denen Sie Ihre Freuden und Leid teilen können. Doch Kritik wird nicht nur an dieser Ausblendung des Umfelds geübt. Stattdessen handelt es sich um ein Modell, das auf Beobachtungen und Daten beruht, die einer bestimmten Zeit und einer bestimmten Gesellschaft entstammen. Inwiefern diese Beobachtungen sich mit Verhaltensweisen von Menschen von heute und aus anderen Kulturkreisen decken, bleibt ungeklärt.

Auf Ihrem Weg in der Zeit danach merken Sie wahrscheinlich auch, wie wichtig der Austausch mit anderen Menschen ist. Deshalb wollen wir uns im Vorfeld noch ansehen, welche Form der Unterstützung Menschen in den einzelnen Phasen brauchen. Schließlich sind Sie oft nicht der einzige Trauernde. Viele Ihnen nahestehenden Personen haben den

Verstorbenen wahrscheinlich auch gekannt und befinden sich ebenfalls im Trauerprozess. Das Wissen um die richtige Unterstützung kann Ihnen deshalb nicht nur helfen, selbst die richtigen Ansprechpartner zu finden, sondern auch für andere Mitmenschen da sein zu können. Zu Beginn und insbesondere in der Phase der Verdrängung brauchen Trauernde vor allem einen Ansprechpartner, der ihnen zuhört, ohne unbedingt aktiv ein konstruktives Feedback zu geben. Hier hilft es allein schon, wenn Sie ein offenes Ohr finden und Ihre Gedanken, Wünsche und Ängste formulieren können. Allein schon das Ordnen und Aussprechen der Gedanken kann dabei helfen, die Situation zu verarbeiten. In der Phase der Verzweiflung profitieren Trauernde am meisten von emotionaler Unterstützung. Nähe und Geborgenheit sorgen dafür, dass der Trauernde immer eine Schulter vorfindet, an die er sich anlehnen kann. Sobald der Betroffene dann langsam damit beginnt, das Leben danach zu akzeptieren, profitiert er am meisten von beratender und inspirierender Begleitung, die ihm dabei hilft herauszufinden, wie das neue Leben aussehen und gestaltet werden soll.

Die folgende Darstellung der Trauerphasen soll Ihnen dabei helfen zu verstehen, dass es ganz normal ist, was Sie gerade erleben. Empfinden Sie keine Scham für Ihre Gefühle und seien Sie auch nicht irritiert, falls Sie gerade überhaupt nichts empfinden. Das alles ist ein natürlicher Teil des Lebewohls, den Ihre lange, gemeinsame Geschichte verdient hat. Daneben können Sie diese Informationen auch nutzen, um Ihr Umfeld besser zu verstehen. In der Trauer ziehen wir uns häufig zurück und die Lampe unserer Aufmerksamkeit schwingt einsam nur noch über uns. Sie dürfen aber nicht vergessen, dass Ihre Familie und Freunde ebenfalls von einem Menschen Abschied nehmen, mit dem sie eine ganz eigene Geschichte verbanden. Nun haben Sie aber vielleicht das Problem, dass Sie in Ihrer Trauer unterschiedlich reagieren. Vielleicht tritt Ihr Mann nur gefühlskalt auf, wohingegen der Sohn sich ständig mit Dingen auseinandersetzen will, die ihn an seine Oma erinnern. Wenn Sie selbst dann einfach nur wütend sind und am liebsten jeden anschreien und weit wegziehen würden, führt das nicht nur zu Konflikten. Außerdem können Sie auch kaum für Ihre Familie da sein, weil Sie sich in Ihrer Trauer nicht mehr verstehen.

Sehen Sie die folgenden Informationen also nicht nur als eine Chance, sich selbst besser zu verstehen, sondern auch Ihr Umfeld unterstützen zu können. Denn in den Phasen der Verdrängung, der Wut und der Scham, der Verhandlung, der Verzweiflung und schließlich der Akzeptanz ringen wir alle mit dem Abschied, der uns nach und nach gelingt. Seien Sie bereit, sich unterstützen zu lassen und nehmen Sie Hilfe an. Erklären Sie sich, falls ein Freund Ihre Gefühle nicht versteht und vielleicht sogar irritiert von Ihrem Verhalten ist. Und seien Sie für Ihre Liebsten da und schenken Sie sich Kraft, um diese Zeit der Trauer gemeinsam zu bewältigen. Bei den folgenden Phasen werden Sie nicht nur Informationen erhalten, was die Phasen ausmacht und welche Rolle sie für den Trauerprozess spielen. Darüber hinaus lernen Sie auch verschiedene Personen kennen, die sich gerade in diesen Phasen befinden und deshalb ganz unterschiedlich mit ihrer Trauer umgehen.

3.1. Phase 1: Verdrängung

Manchmal kommt der Tod ganz plötzlich. Das ist insbesondere bei Unfällen der Fall. Gerade erlebten Sie noch den gemeinsam Alltag und plötzlich erreicht Sie eine Nachricht, die Sie nicht begreifen können. Manchmal kündigt sich das Lebewohl aber auch an und wir wissen, dass uns nur wenig gemeinsame Zeit bleibt. Zwar versuchen wir dann, uns auf das Unvorstellbare vorzubereiten. Wenn aber dann der Tag kommt und das letzte Wort gesprochen wurde, konnte uns doch nichts auf diesen Moment vorbereiten.

Was folgt, ist die erste Trauerphase der Verdrängung. Wir können und wollen nicht begreifen, dass wir nie wieder mit unserem geliebten Menschen reden und lachen werden. All die Vorhaben und Pläne, die wir gemeinsam in unserem Leben hatten, werden für immer solche bleiben. Nie wieder werden wir auf die Unterstützung oder Hilfe vom Verstorbenen zählen können, der vielleicht sogar fester Teil unseres Alltags war. Die Tragweite dieser Realisierung überschwemmt uns und droht uns zu ersticken. Wir machen deshalb das einzige, was es uns erlaubt, die Welt überhaupt noch zu ertragen. Wir ignorieren das Geschehene. Wir wollen es einfach nicht wahrhaben. Die Verdrängung hilft uns dabei, diese Zeit zu überstehen. Wir fühlen uns innerlich leer und suchen entweder im Rückzug oder in der Aktivität nach Wegen, dem Grübeln zu entkommen. Diese Verdrängung kann sich unterschiedlich auf unser Verhalten auswirken. Das wollen wir an zwei Beispielen zeigen.

Anna ist 23. Sie studiert aktuell, ist in einer glücklichen Beziehung und fährt fast jedes Wochenende nach Hause zu ihren Eltern. Eines Morgens ruft sie ihre Mutter weinend an. Ihr Vater hatte einen Verkehrsunfall und ist noch an der Unfallstelle verstorben. Anna kann nicht fassen, was sie gerade gehört hat. Sie ist geschockt, setzt sich in den nächsten Zug, fährt nach Hause und umarmt weinend ihre Mutter. Nur zwei Tage später ist die Beerdigung. Anna weiß gar nicht, was gerade passiert. Alles erscheint ihr wie ein schlechter Traum. Überall sind Trauergäste, man drückt ihr sanft die Hand und ihre Mutter ist komplett überfordert. Nach der Beerdigung steht Anna vor gähnender Leere. Sie konnte kaum schlafen, klar denken oder sich selbst verstehen. Während der Beerdigung musste sie einmal kurz weinen und konnte sich kaum darauf konzentrieren, was der Pfarrer sagte. Jetzt ist eine Woche vergangen und Anna ist wieder in ihre Studenten-WG gefahren. Ihre Mutter war nur noch mit sich selbst beschäftigt und sprach kaum mit ihr, nicht einmal als sie ging. Jetzt sitzt sie wieder in Vorlesungen und im Anschluss bis spät abends in der Bibliothek. Sie fühlt sich kalt wie eine Maschine und kann nur schlafen, wenn sie den ganzen Tag gearbeitet hat. Ihren Freunden und WG-Kollegen hat sie nichts von ihrem Vater erzählt. Nur bei ihrer besten Freundin hat sie eine Ausnahme gemacht. Sie bereut diese Entscheidung schon jetzt. Ihre Freundin ruft sie jeden Tag an und stand einmal sogar schon einfach so vor ihrer Tür. Ständig will sie mit ihr reden. Aber über was? Anna ist genervt und irritiert, so dass sie keinerlei Interesse an einem Gespräch hat. Am Telefon ist sie zu ihrer Mutter und den Geschwistern ebenfalls kalt und distanziert. Die vorwurfsvollen Nachrichten und Anrufe ignoriert sie inzwischen. Nach drei Wochen kommt sie von der Uni heim, hört durch Zufall im Radio die Lieblingsband ihres Vaters und bricht plötzlich weinend in ihrem Zimmer zusammen.

Elisabeth ist 72 und kümmert sich seit zwei Jahren um ihren Mann mit Krebs. Nachdem die Chemotherapie fehlgeschlagen ist und die Schmerzen stärker wurden, befindet sich ihr Mann nun auf der Palliativstation. Die Pflegekräfte sind zuvorkommend und aufmerksam, die Zimmer erinnern kein bisschen an Krankenhaus und Elisabeth verbringt jeden Tag viele Stunden dort. Eines Morgens steht sie vor der Pforte und ein Mitarbeiter teilt ihr mit, dass ihr Mann heute früh nicht mehr aufgewacht ist. Elisabeth kann es nicht glauben. Die Frage, ob sie ihren Mann noch einmal sehen wolle, hat sie verneint. Zum Glück hat die Palliativstation soweit alles übernommen und die Beerdigung organisiert. Elisabeth sitzt seit drei Tagen zu Hause. Gäste empfängt sie keine. Morgen ist die Beerdigung. Was sie da wohl anziehen soll? Sie hat kaum geschlafen, fühlt sich müde und hört viele Hörspiele.

Sie traut sich nicht, etwas anzufassen, was ihrem Mann gehört hat und fühlt sich innerlich sehr unruhig. Sie hat Angst vor der Beerdigung morgen. Allerdings ist Elisabeth von sich selbst irritiert. Natürlich ist sie traurig und steht neben sich. Aber alles, was sie in Bezug auf ihr Verhalten erwartet hätte, ist nicht eingetreten. Sie hatte weder einen Nervenzusammenbruch, noch hat sie einmal richtig geweint. Hat sie ihren Mann nie wirklich geliebt? Ist ihr Verhalten überhaupt normal oder stimmt irgendwas nicht? Ihr graut es jetzt schon vor der Beerdigung morgen. Was werden die anderen Trauergäste denken? Und vor allem hat sie Angst davor, den Sarg zu sehen. Dem Anblick ihres verstorbenen Mannes in der Palliativstation konnte sie noch entgehen. Bei der Beerdigung wird das nicht möglich sein. Elisabeth hat Angst und weiß nicht, wie sie reagieren wird.

Anna und Elisabeth befinden sich beide in der Phase der Verdrängung. Sie können nicht glauben, was passiert ist. Selbst der Gedanke daran erscheint zu schmerzlich. Stattdessen stürzen sie sich wieder in die Arbeit oder ziehen sich zurück und können keinen klaren Gedanken mehr fassen. Doch egal was sie machen, sie sind nervös, unruhig und fühlen sich gleichzeitig trotzdem unglaublich leer. Sie wissen nicht, wie lange sie das noch ertragen können. Umso irritierender ist es deshalb für sie, wenn sie auch noch von ihrer Umwelt bedrängt werden. Zwar bietet jeder Hilfe an, dabei wollen sie doch selbst nicht darüber nachdenken, was da gerade passiert ist. In kurzen Momenten fangen sie auch an, am Leben selbst zu zweifeln. Lässt sich diese Leere, die sie seitdem empfinden, je wieder füllen?

Vielleicht erkennen Sie sich ganz oder teilweise in Anna oder Elisabeth wieder. Vielleicht reagieren Sie aber auch ganz anders auf den Verlust und verdrängen die Situation in Form anderer Gefühle oder Handlungen. Dabei haben Sie wahrscheinlich das Gefühl, dass Sie vor allem allein sein und einfach nur vergessen wollen. Dieses Gefühl ist ganz natürlich und lassen Sie es zu. Irgendwann wird ein Teil von Ihnen aber auch gerne Kontakt aufnehmen wollen. Lassen Sie diesen Kontakt ebenfalls zu. Aktuell ist es in Ordnung, sich treiben zu lassen und in sich hineinzuhören. Jetzt schätzen Sie vor allem Menschen, die Sie einfach nur unterstützen und da sind, ohne dass Sie sich unterhalten oder rechtfertigen müssten. Sie schätzen die Nähe und Wärme, die auch unausgesprochen für eine Linderung der Schmerzen sorgt. Vor allem sind Sie dankbar, dass Sie Hilfe erfahren, sobald es um die Abwicklung der Beerdigung und damit verbundener Aufgaben geht. Nach einiger Zeit aber fängt diese Leere an, neuen Gefühlen zu weichen. Die waren zwar schon von Beginn an da, aber wenn, dann immer nur kurz. Jetzt aber hält diese Emotionen nichts mehr zurück.

3.2. Phase 2: Wut und Scham

Nach einiger Zeit ist unsere Psyche bereit, den eigentlichen Verarbeitungsprozess einzuleiten. Dabei realisieren wir langsam, dass die Person wirklich gestorben ist. Wir fangen an zu begreifen, dass wir den Menschen nie wieder sehen werden und alles, was wir sonst noch gemeinsam hätten erleben können, für immer Fantasie bleiben wird. Auf diese Einsicht, die sich in uns einbrennt, sind wir nicht vorbereitet. Umso heftiger reagieren wir darauf und zeigen Emotionen, die im starken Kontrast zur ersten Phase der Verdrängung stehen.

Manche Hinterbliebenen werden aggressiv und wütend. Warum hat es ausgerechnet sie getroffen? Warum muss ein Mensch in so jungem Alter sterben? Warum musste der geliebte Mensch erst so lange leiden und Hoffnung auf Heilung haben, um dann doch einfach nur zu sterben? Oft weitet sich dieser Hass aus und wird zu einem diffusen, aggressiven Weltschmerz, der das Sein als solches infrage stellt. Wofür hat der geliebte Mensch überhaupt gelebt, wenn er doch alles was er liebte so plötzlich und unter Schmerzen verlassen musste? Welchen Sinn hat eigentlich überhaupt mein eigenes Leben, das sich immer im selben, kleinen Kreis bewegt? Was soll eigentlich dieser Alltag, der mich doch nur ablenkt, aber nicht mehr erfüllt? Das Ergebnis ist ein Verhalten, das sowohl der eigenen Person als auch der Umwelt gegenüber rücksichtslos und ausfallend erscheint. Andere Hinterbliebene empfinden in dieser Phase wiederum ganz andere Gefühle. Manche schildern Angstgefühle, da sie nun nach ihrer Auffassung verstehen würden, dass sie vollkommen allein seien. Manchmal kommt es sogar zu Gefühlsregungen, die für den Hinterbliebenen nur schwer zu verstehen sind und zu noch mehr Selbstvorwürfen führen. Das wäre etwa bei Freude der Fall, die wenige Betroffene in dieser Zeit empfinden. Natürlich handelt es sich hierbei aber nicht um eine Freude über das Ableben des geliebten Menschen. Vielmehr empfinden manche Menschen Dankbarkeit, wenn der Betroffene nach einer langen Erkrankung gestorben ist, die ihn von seinem Leid erlöste. All diese Emotionen treten nun unberechenbar hervor, so auch bei Anna und Elisabeth.

Anna reicht es jetzt. Sie ist allein in ihrem WG-Zimmer. Der Song im Radio ist vorbei und sie liegt immer noch zitternd am Boden. Die 23-Jährige packt das Radio, reißt den Stecker aus der Steckdose und schmettert das Radio gegen die Wand. Dann geht sie in den Flur und schnürt das erstbeste Paar Schuhe, das sie finden kann. Ihr Mitbewohner wundert sich über das Geräusch und kommt in den Flur. Auf die Frage, was das gerade gewesen und was los sei, erntet er nur eine wenig charmante Antwort. Anna muss raus. Auf der Straße fängt sie an zu rennen. Sie muss hier weg und will sich nicht mehr spüren. Sie rennt quer durch die halbe Stadt, bis ihre Lungen brennen. Als sie im Stadtpark bei Nacht stehenbleibt, schreit sie laut auf und stemmt sich schluchzend auf ihren Oberschenkeln ab. Eine Woche vor seinem Tod hatte sie ihren Vater das letzte Mal gesehen. Sie war nur kurz über den Sonntag da. Die beiden waren kurz einkaufen und abends wurde gegrillt. Als sie wieder fuhr, war ihr Vater gerade am Telefon. Als Abschied reichte deshalb ein kurzes, lächelndes Nicken. Von dem Tag an war Anna wie verändert. Die Universität interessierte sie nicht mehr. Die ganzen lachenden Gesichter ihrer Kommilitonen kann sie nicht mehr ertragen. Eher würde sie einem solchen Gesicht eine reinschlagen wollen, als dass sie sich vor fünf solcher Fassaden in eine Kneipe setzen würde. Ihrer besten Freundin hat Anna nun auch die Meinung gesagt. Und zwar ins Gesicht, als sie zu Besuch war, damit sie die Nachricht auch endlich mal kapiert. Zudem hat sie Kontakt mit der Polizei aufgenommen, um mehr über den Unfall zu erfahren.

Sie will wissen, wessen Schuld das eigentlich war. Ihr Vater war immer ein sicherer Fahrer. Sie hat sich schon Nummern von Rechtsanwälten rausgesucht. Der Unfallverursacher will sie besser nicht im Gericht erleben. Inzwischen fühlt sich Anna, als hätte sie ihre Wut, die sonst in ein Leben passt, in nur einer Woche aufgebraucht. Sie hält das nicht mehr aus. Erschöpft ruft sie eines Abends ihre Mutter an und bittet darum, sie am nächsten Morgen abzuholen.

Elisabeth kommt wieder von der Beerdigung nach Hause und zittert noch immer. Als sie den Sarg Ihres Mannes sah, erstarrte bereits beim Betreten der Kirche ihr gesamter Körper. Während der Beerdigung konnte sie mit dem Weinen nicht mehr aufhören. Was der Pfarrer sagte, konnte sie allein schon deshalb nicht verstehen. Nun sitzt sie auf ihrem Bett im Schlafzimmer. Zum ersten Mal nimmt sie die Stille wirklich wahr. Ihr Blick wandert über das gemachte Bett ihres Mannes. Und sie fängt wieder das Weinen an. Erinnerungen bahnen sich ihren Weg nach oben. Sie kann die ganze Nacht nicht schlafen. Den gesamten nächsten Tag verbringt sie mit dem Durchblättern alter

Fotoalben. Mit jedem Tag hat sie mehr Angst und fühlt sich unglaublich allein. Ständig erinnert sie etwas an ihren Mann. Dann muss die 72-Jährige fast immer weinen. Was ihr allerdings hilft, sind die langen Spaziergänge mit Freunden. Hier hat sie das Gefühl, auch weinen zu können oder einfach mal nichts sagen zu müssen. Hier kann Elisabeth so sein wie sie sich gerade fühlt. Manchmal erzählt sie bei den langsamen Runden um den See nur von alten Geschichten, die sie mit ihrem Mann erlebt hat. Manchmal redet sie auch einfach nur über ihre Angst vor dem Alleinsein. Für Erzählungen ihrer Freunde interessiert sie sich hingegen kaum. Zumindest hat sie jetzt wieder das Gefühl, den Alltag ein wenig in den Griff zu bekommen. Der tägliche Spaziergang ist inzwischen ebenso ein festes Ritual wie das Musikhören, das sie bewusst zuletzt vor vielleicht zwei Jahrzehnten gemacht hat.

Wie sie sehen, brechen bei Anna und Elisabeth nun in der zweiten Phase der Wut und Scham alle Emotionen heraus, weil sie anfangen, den Tod des Vaters beziehungsweise Ehemanns wirklich zu begreifen.

Vielleicht merken Sie, wie auch Sie diese Wut oder Angst in sich tragen. Und bei vielen Hinterbliebenen gibt es auch den Moment, in dem die traurige Erkenntnis plötzlich kommt. Diese Phase der Wut und Scham ist sehr emotional und dementsprechend belastend für Ihr soziales Umfeld und kräftezehrend für Sie. Scheuen Sie sich deshalb nicht davor, Nähe zu suchen, wenn Sie das Bedürfnis verspüren, obwohl Sie wissen, dass Sie kaum erträglich sind. Schließlich interessieren Sie sich gerade für niemand anderen und reagieren oft ungehalten und unberechenbar. Das ist aber auch vollkommen in Ordnung. Die Emotionen, die bisher in das Unterbewusstsein verdrängt wurden und da beispielsweise für Schlaflosigkeit und Alpträume sorgten, treten nun offen zutage. Diese Phase kann einige Wochen bis Monate andauern. Insbesondere in der Anfangszeit fühlen sich manche Betroffenen dabei überfordert und werden von Selbstvorwürfen geplagt. Wichtig bleibt aber auch hier, dass Sie die Gefühle und Nähe zu Freunden und Familie zulassen, soweit Ihnen das möglich ist.

3.3. Phase 3: Verhandlung

Nach einiger Zeit schwächen sich diese Emotionen ab und der Betroffene fühlt sich leer, ausgelaugt und hat damit begonnen, eine erste Distanz zum Geschehen aufzubauen. Damit setzt die Phase der Verhandlung ein. In dieser wird der Tod zunehmend anerkannt und akzeptiert. Gleichzeitig bemühen wir uns aber um die Rückgewinnung von Kontrolle und sehnen uns nach Selbstwirksamkeit. Dabei flüchten sich viele Betroffene in Möglichkeiten, die es so leider nicht gibt. Wir wären bereit, alles zu geben, nur um nochmal einen Tag mit unserem geliebten Menschen zu haben.

Die Phase der Verhandlung tritt vor allem auf, wenn der Betroffene noch lebt, aber über einen längeren Zeitraum sterbenskrank ist. In seinem sozialen Umfeld setzen dann die Phasen der Verdrängung sowie Wut und Scham bereits noch zu Lebzeiten ein. Zur Phase der Verhandlung kommt es dann schließlich, sobald der Tod unmittelbar bevorsteht und jedes Treffen das letzte sein könnte. Hier suchen die Betroffenen verzweifelt nach Kontrolle und versprechen beispielsweise, den Sterbenden nie wieder im Stich zu lassen oder selbst ein anderer Mensch zu werden, wenn der Sterbende doch bloß weiter leben dürfte. Gleichzeitig würden sie alles dafür geben, um nur einen normalen, weiteren, gemeinsamen Tag verbringen zu dürfen. Dabei wenden sie sich auch häufig Gott oder anderen spirituellen Inhalten zu, da sie in ihrer Sinnkrise in ihren Mitmenschen und in sich selbst keinen Ansprechpartner und keine Autorität finden, etwas an der Situation zu ändern.

Doch auch bei einem komplett oder teilweise überraschenden Tod spielt die Phase der Verhandlung eine große Rolle. Hier wenden sich die Hinterbliebenen der Vergangenheit zu und stellen sich vor, was alles hätte sein können. Dabei kommt es auch häufig zu Selbstvorwürfen, wie wir in den Beispielen von Anna und Elisabeth sehen.

Wie im Telefonat versprochen holt Annas Mutter die Studentin am nächsten Morgen ab. Die beiden fahren die Stunde zu ihrem Elternhaus, ohne auch nur ein Wort zu wechseln. Dort angekommen, setzt beim Frühstück langsam ein Gespräch ein. In diesem geht es vor allem um früher, als Anna noch klein war und die Familie gemeinsam am Familientisch saß. Langsam frisst sich das Gespräch in Richtung Gegenwart, bis sie schließlich über den Sonntag reden, als Anna ihren Vater das letzte Mal sah. Anna erzählt von ihrem Lächeln auf den Lippen, als sie ihren Vater so am Telefon stehen sah. Früher hatte er sich immer lauthals beschwert, wenn Anna das Telefon besetzte und die zweite mobile Einheit in ihrem Zimmer versteckte. Dann stand er genau an diesem Ort, den Hörer in der Hand und schaute Anna mit dem gleichen verschmitzten Lächeln an, wie er es am letzten Sonntag getan hatte. Doch plötzlich wendet sich das Gespräch. Annas Mutter verliert zunehmend die Beherrschung und schildert Anna vom Tag, als ihr Vater starb. Eigentlich wollte er den Bus zur Arbeit nehmen. Dazu hätte Annas Mutter ihn aber fahren müssen. Hätte sie das gemacht, wäre ihr Vater noch am Leben. Und was denn eigentlich mit dem Notarzt losgewesen sei? Dieser hätte viel zu lange gebraucht. Wenn doch nur nicht der Verkehr so dicht gewesen wäre, dann hätte es ihr Mann wohl geschafft. Am besten aber wäre es natürlich, wenn sie selbst nicht immer so bequem und einfach mit ihrem Mann aufgestanden wäre. Dann hätte sie ihn fahren können. All das beichtet ihr die Mutter unter Tränen und fängt dabei an, sich zu wiederholen. Ihre Selbstvorwürfe verstärken sich. Anna ist schockiert von der Bandbreite an Schuldgefühlen, die ihre Mutter schluchzend offenbart. Anna wusste nicht, wie sehr ihre Mutter unter der Situation leidet und fühlt sich selbst schlecht, die ganze Zeit nur wütend gewesen zu sein. Die beiden umarmen sich lange in der Küche. Anna beschließt, die nächsten Tage bei ihrer Mutter zu bleiben.

Elisabeth zieht sich hingegen zunehmend zurück. Sie lebt vor allem in der Vergangenheit. Die letzten Monate mit ihrem Mann lassen sie nicht mehr los. Vor allem die Verlegung auf die Palliativstation stellt sie zunehmend infrage. War das wirklich der richtige Schritt? Sie hatten ja bewusst auf eine Zweitmeinung verzichtet. Der Doktor war schließlich sehr bekannt und behandelte ihren Mann schon eine lange Zeit. Aber vielleicht hätten sie die Chemotherapie doch fortsetzen sollen. Wäre ihr Mann dann nicht zumindest jetzt noch am Leben? Auch bereut Elisabeth, nicht bei ihrem Mann übernachtet zu haben. Die Pfleger hatten es ihr bereits angeboten. Sie war aber zu bequem dafür und wollte erst die Folgewoche damit beginnen, wenn es „ernst würde". So hatte es der Pfleger ausgedrückt, als er sie beim letzten Besuch sah. Elisabeths Gedanken drehen sich im Kreis. Die letzten Tage, die letzten Wochen, die letzten Monate. Hätte es nicht anders kommen können? Hätte sie nicht mehr machen können? Hätte sie nicht mehr für ihren Mann da sein müssen?

Wenn Sie sich bereits in der Phase der Verhandlung befinden, haben Sie schon viel geschafft. Ihnen ist klar, dass der Tod des geliebten Menschen unumgänglich ist. Jedoch tun Sie sich noch schwer damit zu akzeptieren, dass dieser Zeitpunkt bereits in der Vergangenheit liegt oder kurz bevorsteht. Diese Gedanken sind ein natürlicher Teil des Trauerprozesses. Der Verstorbene wusste, dass Sie ihn geliebt haben. Da spielt es keine Rolle, ob Ihre letzten Worte Bedeutung hatten oder gar einem Streit entstammten. Ihre Beziehung definiert sich über all die

Jahre, die Sie miteinander verbracht haben. Darüber hinaus müssen Sie sich auch keine Selbstvorwürfe in Bezug auf den gesamten Verlauf machen. Alle Beteiligten haben in ihrem besten Wissen und Gewissen gehandelt. Falls Sie aber das Bedürfnis verspüren, sich in dieser Form mit der Vergangenheit auseinanderzusetzen, dann lassen Sie diese Gedanken zu. Besonders tröstend kann dabei das Gespräch mit Familie und Freunden sein. Dabei ist es egal, wie abwegig Ihre Vorstellungen und Wünsche sind. Sprechen Sie sie aus, um diesen Ballast von Ihrer Seele abzuladen.

3.4. Phase 4: Verzweiflung

Die Zeit der unbewussten und schützenden Abschirmung und Ausblendung der Realität ist nun vorbei. Wir beginnen zu begreifen, dass der Verstorbene von uns gegangen ist und nichts in der Welt daran etwas ändern kann. Wir setzen uns deshalb nun direkt mit der unaussprechlichen Tatsache auseinander und konfrontieren das Trauma. Jetzt beginnt die Phase, die viele mit dem eigentlichen gesamten Trauerprozess verwechseln. Auch wandern unsere Gedanken immer seltener in die Vergangenheit. Wir haben verstanden, dass sie nicht geändert werden kann. Im Gegensatz zu den vorherigen Phasen haben wir aber keine Kraft mehr, die wir gegen diese Einsicht aufbringen können oder wollen. Die Trauernden reagieren dann nicht mehr mit Wut oder Angst und flüchten sich gedanklich auch nicht in die Vergangenheit. Stattdessen macht sich nun eine betäubende Trauer breit, die sich über die Sinne und den Alltag legt. Der Betroffene zieht sich nun stark vom Leben zurück und geht vielleicht so weit, dieses infrage zu stellen. Die Welt erscheint einfach als zu viel, zu naiv und damit kaum erträglich. Selbst das Aufstehen erscheint manchmal als zu anstrengend. Oft weinen Betroffene auch plötzlich, sobald sie durch Eindrücke aus dem Alltag an früher erinnert werden. Daneben zeigen sich auch viele weitere Veränderungen im Alltag, die der Trauernde gleichgültig hinnimmt. So besteht keinerlei sexuelles Interesse mehr, der Trauernde wird durch Schlafstörungen geplagt und kann sich nur schwer konzentrieren. Zudem laufen

Betroffene nun auch Gefahr, an einer klinischen Depression zu erkranken. In diesem Zusammenhang ist es wichtig zu wissen, dass es noch weitere Risikofaktoren gibt, die das Entstehen einer Depression begünstigen. Dazu gehören genetische Vorbelastung, das Bestehen chronischer Schmerzen, Drogenmissbrauch und ein mangelndes Selbstwertgefühl. Falls Sie also zusätzlich weitere Risikofaktoren aufweisen und sich lange in der Phase der Verzweiflung befinden, kann der Kontakt zu einem Psychologen dabei helfen abzuklären, dass die Trauerarbeit nicht von einer beginnende Depression abgelöst wird. Anna und Elisabeth befinden sich nun ebenfalls in dieser Phase.

Anna war nun für eine Woche zu Hause. Das Gespräch am Frühstückstisch hat sie bereits fast vergessen. Anna will nicht mehr zurück zur Uni. Sie will am liebsten nicht einmal mehr aus ihrem Bett. Deshalb verbringt sie einen Großteil ihres Tages in ihrem alten Kinderzimmer. Sie hat sich noch nie so allein gefühlt. Die letzten Wochen waren aufgewühlt und oft war sie zornig oder traurig. Jetzt fühlt sich Anna einfach nur leer und schwach. Auf Anrufe von Freunden und Kommilitonen reagiert sie einfach nicht mehr. Das Handy hat sie ohnehin die meiste Zeit schon aus. Sie würde sich gerne mit irgendwas beschäftigen. Allerdings bereitet ihr nichts Freude und sie kann sich kaum konzentrieren. Deshalb hat Anna mit dem Malen begonnen. Hier ist es egal, wenn sie ein Bild nach zehn Minuten abbricht, und sie genießt die Stille, in der nur der Pinselstrich leise über die glatte Oberfläche streicht. Anna sieht auch nicht mehr gesund aus. Ihre Augenringe und ihr geringes Körpergewicht erzählen von den letzten Wochen, in denen sie wenig geschlafen und unregelmäßig gegessen hat. Ihre Mutter kann Anna gerade auch nicht helfen. Wenigstens geht ihre Mutter täglich mit ihrer Schwester spazieren. Das will Anna nicht. Trotzdem genießt sie es, gemeinsam mit ihrer Mutter zu frühstücken. Alle weiteren Mahlzeiten nimmt sie dann mit in ihr Zimmer. Anna beschäftigt sich nun auch zum ersten Mal mit dem Tod. Das letzte Mal hat sie darüber nachgedacht, als sie noch in der Schule war und das Ganze im Religionsunterricht behandelt wurde. Schon damals machte ihr diese

Tatsache Angst. Sie spinnt diese Gedanken dann manchmal weiter und muss daran denken, dass alles und jeder den sie kennt irgendwann sterben wird.

Elisabeth hat jeden Halt verloren. Eines Morgens ist sie aufgewacht und fühlte sich nicht mehr aufgewühlt. Stattdessen beansprucht diesen Platz eine innere Leere für sich, die sie nicht mehr erträgt. Elisabeth wollte ihrer Trauer Ausdruck verleihen. Seitdem trägt sie nur noch schwarz. Das „mein Beileid" in der Öffentlichkeit, wenn sie einen Bekannten sieht, nimmt sie nur verschwommen war. In den kurzen Gesprächen findet sie schnell eine Entschuldigung, warum sie weiter müsse. Im Spiegel blickt sie manchmal auf ihren alternden Körper und mustert nachdenklich dessen Falten. Sie fragt sich, wann es bei ihr so weit sein wird. Ihr soziales Umfeld macht sich zunehmend sorgen. Früher hat sie wenigstens noch über die Vergangenheit erzählt oder geweint. Inzwischen schaut sie einfach nur noch durch einen hindurch, wenn sie sich überhaupt einmal meldet oder vor die Tür tritt. Elisabeth merkt, dass es nicht mehr lange so weitergeht. Auf ihrem Esstisch stapeln sich die Briefe. Manche davon sind noch an ihren verstorbenen Mann adressiert. Zum ersten Mal in ihrem Leben hat Elisabeth Suizidgedanken. Also nicht solche im Sinne von „ich mache mir einen Plan und so ziehe ich das durch". Sie denkt eher spontan daran, wenn sie beispielsweise gerade auf einer Brücke steht, wie es wäre, sich nun herunterzustürzen. Würde ihr Körper dann nicht mit all ihrem Ballast einfach weggespült werden? Eines Morgens klingelt es an der Tür. Die ersten drei Minuten ignoriert Elisabeth das Läuten. Doch der ungebetene Gast besteht auf Einlass, bleibt hartnäckig und schließlich öffnet Elisabeth die Tür. Vor ihr steht ihre beste Freundin. „Elisabeth, ich glaube, du brauchst Hilfe. Lass mich dir bitte helfen." Drei Stunden später hält Elisabeth verunsichert den Zettel mit der Telefonnummer eines Trauerpsychologen in der Hand. Sie wählt die Nummer, vertippt sich einmal, korrigiert sich und hört schließlich eine Stimme am anderen Ende der Leitung.

Falls Sie sich gerade in diesen Ausführungen wiedererkennen, dann sind sie am gefühlten Tiefpunkt angekommen. Vielleicht stellen Sie gerade alles infrage, können diese Leere nicht mehr ertragen und haben schon viel zu viel geweint, als dass noch wirklich Tränen fließen würden. Sie sehen nun der Wahrheit ins Gesicht. Und diese neue Realität ist grausam. Und doch leben Sie in dieser. Wie kann das sein? Sie haben es bereits so weit geschafft. Und Sie sind nicht allein. Suchen Sie Kontakt zu Menschen, die Ihnen gut tun, die Ihnen einfach nur zuhören und die Sie so akzeptieren, wie Sie jetzt gerade einfach sind. Manchmal ist jetzt auch ein guter Moment, sich professionelle Hilfe zu suchen. Dazu können Sie beispielsweise eine Trauerbegleitung, eine Telefonseelsorge oder auch einen Psychologen kontaktieren. Vielleicht haben Sie auch das Gefühl, dass Sie eine solche Hilfe bräuchten, haben aber nicht die Kraft, sie zu organisieren. Wenden Sie sich in diesem Fall ebenfalls an Familie und Freunde und teilen Sie Ihre Gedanken. Des Weiteren stellen Sie vielleicht fest, dass es Ihnen schwerfällt, den Alltag zu bewältigen. Hier kann es hilfreich sein, sich jeden Tag drei Dinge vorzunehmen, die man erreichen will. Fangen Sie hierzu einfach nur mit kleinen Zielen an: ein

Spaziergang, ein gesundes Frühstück oder ein Telefonat mit einer nahestehenden Person. Diese Leere und Gleichgültigkeit mag sich gerade erstickend anfühlen. Geben Sie sich aber Zeit, dass wieder Leben in diesen leeren Raum Ihrer Gefühlswelt zurückfließen kann. Sie haben jedes Recht, die Gefühle zu verspüren, die Sie gerade haben. Und falls Sie feststellen, dass Sie es allein nicht mehr schaffen, dann seien Sie mutig. Gestehen Sie sich Ihre Hilflosigkeit ein und suchen Sie sich Hilfe. Die Verzweiflung wird sich bald legen. Beobachten Sie sich von Zeit zu Zeit im Alltag. Vielleicht spüren Sie schon jetzt, dass neuer Lebensmut in Ihnen keimt.

3.5. Phase 5: Akzeptanz

In der letzten Phase der Akzeptanz beginnen sich die Emotionen und das Verhalten des Hinterbliebenen zu stabilisieren. Wir fangen nun langsam wieder an, Sinn und manchmal auch Freude im Alltag zu erleben. Zwar beschäftigt uns der Tod des geliebten Menschen immer noch häufig und wir haben manchmal auch schlechte Tage, an denen wir uns zurückziehen und eine starke

Trauer verspüren. Allerdings entwickeln wir nun die Kraft, mit diesen Zeiten umzugehen und verlieren nie die Zuversicht, dass es uns auch wieder bessergehen wird. Nicht fehlinterpretiert werden darf zudem der Name der Phase. Akzeptanz heißt hier nicht, dass wir die Vergangenheit als solche akzeptieren und einfach unser altes Leben wieder aufnehmen können. Vielmehr bezieht sich diese Akzeptanz auf die gewonnene Einsicht, dass wir an dieser Situation nichts ändern können und anfangen müssen, produktiv damit umzugehen. Dabei stellen wir fest, dass ein Zurück zur alten Realität nicht mehr möglich ist. Vielleicht merken Sie nun, dass Sie selbst Rollen übernehmen oder anderen Personen zuteilen müssen, die zuvor Ihr Partner eingenommen hat. Diese Neuzuweisungen und Anpassungen vollziehen sich ständig und stärken gleichzeitig die Akzeptanz des neuen Alltags, in dem Sie sich natürlich erst einmal zurechtfinden müssen. Dabei fühlen Sie sich vielleicht manchmal überfordert und fühlen sich in Ihrem eigenen Leben fremd. Das ist vollkommen normal. Ihr Leben ändert sich gerade so schnell und gravierend, dass es schwer ist, sich auf all diese Veränderungen einzulassen. Sie lernen nun auch zunehmend, auf Ihre eigenen Wünsche und Bedürfnisse zu hören, die langsam wieder in Ihnen erwachen. Sie beginnen, den Tod Ihres geliebten Menschen und die neue Situation zu akzeptieren.

Anna hat nun endlich mit ihrer Uni Kontakt aufgenommen und bekam ihr Urlaubssemester für das laufende Semester genehmigt. Zwar fühlt sie sich inzwischen wieder klarer, aber trotzdem will sie gerade nichts mit dem Stress vom Unialltag zu tun haben. Anna hat nun damit begonnen, Freunde aus Schulzeiten wiederzutreffen, die sie schon lange nicht mehr gesehen hat. Nicht allen hat sie von ihrem Vater erzählt und manchmal mag sie es auch, nicht darüber reden zu müssen. Auch zu ihrer Mutter hat sie ein so gutes Verhältnis wie noch nie zuvor. Die beiden verbringen viel Zeit miteinander und gehen jeden Tag gemeinsam spazieren. Dabei sprechen sie nicht mehr nur über die Vergangenheit, sondern auch über die Zukunft. Annas Mutter weiß noch nicht, ob sie das Haus weiter behalten will, da Anna und ihre Geschwister bereits ausgezogen sind und ihr Mann nun nicht mehr lebt. Sowohl Anna als auch ihrer Mutter fällt es immer leichter, die eigenen Gefühle zu verbalisieren und mit Abstand über den Tag des Unfalls zu sprechen. Anna weiß noch nicht genau, wie es weitergeht. Sie ist aber inzwischen fest davon überzeugt, dass es weitergehen wird.

Elisabeth rührt nachdenklich in ihrem Kaffee. Über ein Jahr ist nun vergangen, als ihr geliebter Mann starb. Seitdem hat sie Tage der Einsamkeit ertragen und Dinge getan, von denen sie hoffte, sie nie machen zu müssen. Beispielsweise besucht sie inzwischen wöchentlich das Grab ihres Mannes. Am liebsten ist sie in den frühen Morgenstunden auf dem Friedhof, bevor der Verkehrslärm im Hintergrund rauscht. Dann erneuert sie die Blumen und richtet ein paar Worte an das Grab. Elisabeth hat sich nicht neu erfunden. Sie ist aber auch nicht mehr die Alte. Im Alltag und rund um das Haus fallen viele Aufgaben an, von denen sie nicht einmal gewusst hat. Bei der Suche nach Lösungen stieß Elisabeth auf die Unterlagen ihres Mannes, in denen er Rechnungen und Kontaktdaten aufbewahrte. Dabei huschte Elisabeth ein Lächeln über das Gesicht. Wie ordentlich er doch immer war. Elisabeth hat nun auch viel mehr freie Zeit. Die hatte sie auch davor. Nur hatte sie die Zeit zumeist mit ihrem Mann verbracht. Jetzt kann sie selbst über diese Zeit entscheiden. Das hat zur Folge, dass Elisabeth einige Dinge ausprobiert, die sie davor noch nie gemacht hat. Beispielsweise fährt die 72-Jährige jetzt regelmäßig bei Stadttouren mit und hat bei diesen Treffs auch schon so manche neue Freundin kennengelernt. Einmal hat sie sogar ein Herr zum Essen eingeladen. Hier hat Elisabeth dankend abgelehnt. Ob das nochmal was für sie ist, weiß sie nicht. Ein anderer Mann? Und dann noch in dem Alter? Ausschließen will sie es zumindest nicht. Manchmal erschrickt Elisabeth aber trotzdem noch über sich selbst. Beispielsweise wenn sie plötzlich mitten im Alltag anfangen muss zu weinen, weil sie etwas an ihren Mann erinnert. Oder wenn sie nachts aufwacht und keiner die Stille im Haus durchbricht. Elisabeth hat nun auch damit begonnen, die Sachen ihres Mannes wegzugeben. Nur an den Kleiderschrank traut sie sich nicht heran. Wenn sie ihn öffnet, dann riecht es noch nach ihrem Mann und sie hält traurig inne. Ihr neuester

Begleiter ist ein Hund namens Charly. Der einjährige Rüde stammt aus dem Tierheim und wollte Elisabeth nicht mehr von der Seite weichen, als sie vor einem Monat mit einer Freundin im Tierheim Hunde ausführen war. Jetzt sitzt Elisabeth im Wohnzimmer. Sie rührt nachdenklich in ihrem Kaffee. Wie schön die Zeit früher war. Wie sehr sie ihren Mann vermisst. Charly liegt in der Ecke und schnarcht. Elisabeth weiß noch nicht genau, wie es weitergeht. Sie ist aber inzwischen fest davon überzeugt, dass es weitergehen wird.

Vielleicht sind inzwischen Monate oder auch Jahre vergangen, seitdem Sie Ihren geliebten Menschen das letzte Mal sehen durften. Wahrscheinlich denken Sie immer noch häufig an die gemeinsame Zeit zurück. Inzwischen können Sie das Geschehene aber neu bewerten und entwickeln langsam auch wieder die Kraft und den Mut, Ihre Zukunft selbst in die Hand zu nehmen und aktiv zu gestalten. Niemand wird Ihren Verlust vergessen machen können. Das Leben von früher existiert nur noch in Ihrer Erinnerung. Sie sind aber nun langsam in der Lage, diese Tatsache zu akzeptieren. Es wird nie wieder so sein wie zuvor. Begreifen Sie aber das Leben als das, was es ist: ein kostbares Geschenk. Sie werden weiter Freude daran finden. Und Sie dürfen auch jederzeit mit einer Mischung aus Trauer und Dankbarkeit an die Vergangenheit zurückdenken.

3.6. Selbsttest: In welcher Phase stecken Sie

Sie haben nun mehr über die einzelnen Phasen gelernt, in denen auch Anna und Elisabeth ganz unterschiedliche Emotionen haben. Wahrscheinlich erkennen Sie sich manchmal in den Beschreibungen wieder. Dennoch fällt es Ihnen natürlich gerade schwer einzuschätzen, in welcher Phase Sie gerade stecken. Wenn wir uns in unmittelbarer Nähe zu einer Situation befinden, dann ist es kaum möglich, die Gegebenheiten einzuordnen und einen Grundabstand zu wahren. Dementsprechend fällt es Ihnen mit Sicherheit auch schwer einzuschätzen, in welchen der Trauerphasen Sie sich denn nun wirklich befinden. Dabei würde Ihnen das helfen, um sich besser zu verstehen und diese so schwierige Situation zumindest ein wenig erträglicher zu machen.

Dieses Kapitel soll Ihnen dabei helfen, die richtigen Fragen zu stellen, damit Sie erkennen, in welcher Phase Sie gerade sind. Zunächst werden Ihnen zu diesem Zweck die verschiedenen Fragen vorgestellt. Diese sollen Sie dann beantworten. Anschließend stellen wir Ihnen den Auswertungsschlüssel vor und gehen kurz auf die Bedeutung der einzelnen Fragen ein. Wir starten nun mit den Fragen. Beantworten Sie diese spontan und ohne lange darüber nachzudenken. Sie haben jeweils die Möglichkeit, die Frage mit „stimmt gar nicht", „stimmt ein wenig" und „stimmt völlig" zu beantworten.

1. Ich muss ständig an die Person denken und es fällt mir schwer, mich auf meinen Alltag zu konzentrieren.

☐ stimmt gar nicht
☐ stimmt ein wenig
☐ stimmt völlig

2. Ich kann mich manchmal wieder auch im Alltag freuen.

☐ stimmt gar nicht
☐ stimmt ein wenig
☐ stimmt völlig

3. Ich verspüre eine tiefe Sehnsucht nach dem Verstorbenen.

☐ stimmt gar nicht
☐ stimmt ein wenig
☐ stimmt völlig

4. Ich kann nicht anders als Wut über den Tod der Person zu empfinden.

☐ stimmt gar nicht
☐ stimmt ein wenig
☐ stimmt völlig

5. Manchmal glaube ich, dass das alles nur ein böser Traum ist, aus dem ich bald aufwache.

☐ stimmt gar nicht
☐ stimmt ein wenig
☐ stimmt völlig

6. Ich fühle mich immer noch taub und verwirrt durch das, was passiert ist.

☐ stimmt gar nicht
☐ stimmt ein wenig
☐ stimmt völlig

7. Seitdem die geliebte Person gestorben ist, fühle ich mich meiner Familie und Freunden entrückt und sie sind mir eigentlich egal.

☐ stimmt gar nicht
☐ stimmt ein wenig
☐ stimmt völlig

8. Manchmal grüble ich darüber, wie der Verstorbene hätte gerettet werden können.

☐ stimmt gar nicht
☐ stimmt ein wenig
☐ stimmt völlig

9. Das Leben ist jetzt leer und sinnlos, seitdem der geliebte Mensch gestorben ist.

☐ stimmt gar nicht
☐ stimmt ein wenig

☐ stimmt völlig

10. Manchmal sehe ich den Verstorbenen noch vor mir.

☐ stimmt gar nicht
☐ stimmt ein wenig
☐ stimmt völlig

11. Ich fühle mich verbittert über den Tod des Menschen.

☐ stimmt gar nicht
☐ stimmt ein wenig
☐ stimmt völlig

12. Die Erinnerungen an den Verstorbenen wühlen mich stark auf und machen mich sehr nachdenklich.

☐ stimmt gar nicht
☐ stimmt ein wenig
☐ stimmt völlig

13. Ich habe vor kurzem zum ersten Mal begriffen, dass der geliebte Mensch wirklich verstorben ist.

☐ stimmt gar nicht

☐ stimmt ein wenig
☐ stimmt völlig

14. Ich fühle mich zu Orten hingezogen, an denen der Verstorbene häufig war oder die ihm etwas bedeutet haben.

☐ stimmt gar nicht
☐ stimmt ein wenig
☐ stimmt völlig

15. Ich kann immer noch nicht glauben, was passiert ist.

☐ stimmt gar nicht
☐ stimmt ein wenig
☐ stimmt völlig

16. Ich habe meinen gewohnten Alltag seit dem Tod nie unterbrochen und es geht mir erstaunlich gut.

☐ stimmt gar nicht
☐ stimmt ein wenig
☐ stimmt völlig

17. Ich fühle eine tiefe Dankbarkeit, all die Zeit gemeinsam verbracht zu haben.

☐ stimmt gar nicht
☐ stimmt ein wenig
☐ stimmt völlig

18. Ich meide Orte und Tätigkeiten, die mich an den Verstorbenen erinnern.

☐ stimmt gar nicht
☐ stimmt ein wenig
☐ stimmt völlig

19. Ich würde alles dafür geben, um nur noch einen gemeinsamen Tag verbringen zu können.

☐ stimmt gar nicht
☐ stimmt ein wenig
☐ stimmt völlig

20. Ich denke es ist nicht gerecht, dass ich noch lebe und die andere Person sterben musste.

☐ stimmt gar nicht
☐ stimmt ein wenig
☐ stimmt völlig

21. Ich fühle eine Eifersucht auf alle, die noch nicht den Verlust einer nahestehenden Person verkraften mussten.

☐ stimmt gar nicht
☐ stimmt ein wenig
☐ stimmt völlig

22. Ich habe kürzlich etwas kaputtgemacht oder einen Streit mit einer anderen Person begonnen.

☐ stimmt gar nicht
☐ stimmt ein wenig
☐ stimmt völlig

23. Ich schaue mir gerne gemeinsame Bilder und Videos aus der gemeinsamen Zeit mit dem Verstorbenen an.

☐ stimmt gar nicht
☐ stimmt ein wenig
☐ stimmt völlig

24. Ich fühle mich absolut antriebslos und zweifle am Sinn des Lebens.

☐ stimmt gar nicht

☐ stimmt ein wenig
☐ stimmt völlig

25. Ich freue mich auf die Zukunft und will diese aktiv gestalten.

☐ stimmt gar nicht
☐ stimmt ein wenig
☐ stimmt völlig

Sie haben nun ganz viele Fragen zu Ihrem Befinden beantwortet, die teils auch sehr persönlich waren. Vielleicht waren Ihnen manche Fragen auch unangenehm oder haben Sie kurz zum Nachdenken gebracht. Das war im Rahmen dieses Tests leider unumgänglich. Schließlich sind auch viele der Emotionen und Gefühle der einzelnen Phasen auch oft sehr persönlich und manchmal auch widersprüchlich und unangenehm. Vielleicht waren Sie sogar selbst überrascht und haben allein durch die Antwort Neues über sich erfahren. Doch kommen wir nun zur eigentlichen Auswertung.

Die Fragen sind so aufgebaut, dass jeweils fünf Fragen einer Trauerphase zugeordnet werden können. Wenn

Sie die Frage mit „stimmt völlig" beantwortet haben, dann erhält diese Frage einen Punkt. Bei einem „stimmt ein wenig" passiert nichts, wohingegen ein „stimmt gar nicht" zu einem Punkt Abzug führt. Am Ende haben Sie demnach für jede der fünf Phasen einen Wert, der von –5 bis 5 reicht. Je höher dabei der Wert ausfällt, desto stärker befinden Sie sich gerade in der entsprechenden Phase. Ab einem Ergebnis von 3 oder mehr befinden Sie sich gerade in dieser Phase. Bei einem negativen Wert kann die entsprechende Phase wiederum sicher ausgeschlossen werden. Bei einem Ergebnis von 0 bis 2 haben Sie eine Phase noch nicht vollständig überwunden oder erreicht. Die Phase spielt aber noch oder bereits eine Rolle für Sie.

In diesem Zusammenhang dürfen Sie auch nicht vergessen, dass die Phasen bei vielen Menschen auch gleichzeitig ablaufen, vermischt sein können und manche Phasen ganz übersprungen werden. Es kann deshalb sein, dass Sie sich tatsächlich gleichzeitig in den Phasen der Verhandlung und Verzweiflung oder in den Phasen der Verdrängung sowie der Wut und Scham befinden. Besonders interessant dürfte zudem die Phase der Akzeptanz sein, die Ihnen verrät, ob Sie sich dem Ende der unmittelbaren Trauerarbeit nähern. Doch auch wenn das noch nicht der Fall sein sollte, verlieren Sie nicht die Zuversicht, dass auch Sie an diesen Punkt gelangen werden und akzeptieren Sie die Gefühle der Phase, in der Sie sich befinden. Manchmal hilft es auch, wenn Sie sich mit einem guten Freund über diesen Test oder Ihre Erfahrungen aus diesem Buch austauschen. Vielleicht kann Sie dann auch Ihr Umfeld besser verstehen, so wie Sie zunehmend lernen, sich selbst besser zu verstehen.

Doch kommen wir nun zur Auswertung des Tests. Es folgen nun die einzelnen Phasen und deren zugeordnete Fragen. Nochmals zur Erinnerung:

- „stimmt gar nicht": ein Punkt Abzug

- „stimmt ein wenig": keine Veränderung

- „stimmt völlig": einen Punkt addieren

Phase 1: Verdrängung

Zugeordnete Fragen:

5. Manchmal glaube ich, dass das alles nur ein böser Traum ist, aus dem ich bald aufwache.

6. Ich fühle mich immer noch taub und verwirrt durch das, was passiert ist.

15. Ich kann immer noch nicht glauben, was passiert ist.

16. Ich habe meinen gewohnten Alltag seit dem Tod nie unterbrochen und es geht mir erstaunlich gut.

18. Ich meide Orte und Tätigkeiten, die mich an den Verstorbenen erinnern.

Wenn Sie hier besonders viele Fragen mit „stimmt völlig" beantwortet haben, dann befinden Sie sich noch am Beginn der Trauerarbeit. Sie können noch nicht wirklich glauben, was passiert ist und wundern sich vielleicht, warum Sie so wenige Emotionen zeigen. In dieser Phase ist es besonders wichtig, dass Sie sich weder selbst unter Druck setzen noch von Ihren Mitmenschen unter Druck setzen lassen. Machen Sie sich keine Vorwürfe. Vielleicht sind Sie einfach noch nicht bereit, sich mit der Vergangenheit auseinanderzusetzen. Umso wichtiger ist es dennoch, dass Sie sich selbst zumindest Gelegenheit bieten, sich mit Ihren Gefühlen auseinanderzusetzen. Sie werden später mehr über die Möglichkeiten dafür erfahren.

Phase 2: Wut und Scham

Zugeordneten Fragen:

4. Ich kann nicht anders als Wut über den Tod der Person zu empfinden.

11. Ich fühle mich verbittert über den Tod des Menschen.

13. Ich habe vor kurzem zum ersten Mal begriffen, dass der geliebte Mensch wirklich verstorben ist.

21. Ich fühle eine Eifersucht auf alle, die noch nicht den Verlust einer nahestehenden Person verkraften mussten.

22. Ich habe kürzlich etwas kaputtgemacht oder einen Streit mit einer anderen Person begonnen.

Falls Sie hier einen Wert von 3 oder mehr erreichen, befinden Sie sich in der Phase Wut und Scham. Trauernde erkennen sich in dieser Phase häufig selbst nicht mehr. Sie realisieren zum ersten Mal den Tod und reagieren darauf mit einer Bandbreite von Gefühlen, die ihnen oft selbst in der Art oder Intensität fremd sind. Erkennen Sie Ihre Emotionen an und leugnen Sie diese nicht. Sie haben allen Grund, wütend und verletzt zu sein. Lassen Sie aber Freunden und Familie teilhaben an diesen Verstimmungen und bemühen Sie sich, diese nicht einfach nur auszuleben. Das mag nicht immer leichtfallen und auch nicht immer gelingen. Es kann Ihnen aber dabei helfen, gemeinsam mit den anderen Trauernden auch diese Phase der Trauerarbeit zu bewältigen und gestärkt aus dieser Phase hervorzutreten.

Phase 3: Verhandlung

Zugeordnete Fragen:

8. Manchmal grüble ich darüber, wie der Verstorbene hätte gerettet werden können.

10. Manchmal sehe ich den Verstorbenen noch vor mir.

12. Die Erinnerungen an den Verstorbenen wühlen mich stark auf und machen mich sehr nachdenklich.

19. Ich würde alles dafür geben, um nur noch einen gemeinsamen Tag verbringen zu können.

20. Ich denke es ist nicht gerecht, dass ich noch lebe und die andere Person sterben musste.

Sie erreichen hier mindestens 3 Punkte? Dann befinden Sie sich aktuell noch in der Phase der Verhandlung. Sie können also noch nicht einfach so mit dem Tod der geliebten Person abschließen, sondern sehnen sich immer noch eine Realität herbei, in der alles anders gelaufen wäre. Tief im Inneren wissen Sie zwar, dass Sie nichts an der Situation ändern können. Die Vorstellungen und Wünsche helfen Ihnen aber dabei, den Schmerz zu lindern und die Vergangenheit zu ertragen. Reden Sie vor allem mit Freunden und Familie über Ihre Gedanken und machen Sie sich selbst keine Vorwürfe. Sie tragen ebenso wenig Schuld wie andere Personen, die Ihren geliebten Menschen die letzten Wochen und Monate begleitet haben.

Phase 4: Verzweiflung

Zugeordnete Fragen:

1. Ich muss ständig an die Person denken und es fällt mir schwer, mich auf meinen Alltag zu konzentrieren.

3. Ich verspüre eine tiefe Sehnsucht nach dem Verstorbenen.

7. Seitdem die geliebte Person gestorben ist, fühle ich mich meiner Familie und Freunden entrückt und sie sind mir eigentlich egal.

9. Das Leben ist jetzt leer und sinnlos, seitdem der geliebte Mensch gestorben ist.

24. Ich fühle mich absolut antriebslos und zweifle am Sinn des Lebens.

Falls Sie vor allem diese Fragen mit „stimmt völlig" beantwortet haben, dann sind Sie in der Phase der Verzweiflung. Ihnen ist der Tod des geliebten Menschen nun voll bewusst und Sie verlassen sich auch auf keine Ausweichtaktiken mehr, um dieser Tatsache zu entfliehen. Umso schmerzhafter ist deshalb auch Ihre Reaktion auf diese Wunde, von der Sie vielleicht glauben, dass Sie niemals heilen wird. Doch seien Sie versichert, dass die Wunde zumindest vernarben wird und Sie irgendwann auch mit positiven Gefühlen auf sie blicken können. Vielleicht haben Sie schon jetzt auch ein positives Ergebnis in einigen anderen Bereichen. Sie verspüren also mehr als nur Leere und Traurigkeit, sondern setzen sich ganz vielfältig mit dem Verlust auseinander. All das wird Ihnen helfen, auch diese Phase zu überstehen und abschließen zu können.

Phase 5: Akzeptanz

Zugeordnete Fragen:

2. Ich kann mich manchmal wieder auch im Alltag freuen.

14. Ich fühle mich zu Orten hingezogen, an denen der Verstorbene häufig war oder die ihm etwas bedeutet haben.

17. Ich fühle eine tiefe Dankbarkeit, all die Zeit gemeinsam verbracht zu haben.

23. Ich schaue mir gerne gemeinsame Bilder und Videos aus der gemeinsamen Zeit mit dem Verstorbenen an.

25. Ich freue mich auf die Zukunft und will diese aktiv gestalten.

Wenn Sie hier 3 bis 5 Punkte erreichen, dann befinden Sie sich am Ende der akuten Trauerarbeit. Sie finden langsam Distanz zum Geschehen und können der Vergangenheit nicht nur Negatives, sondern auch zunehmend Positives abgewinnen. Zwar merken Sie auch jetzt noch die unglaubliche Tragweite des Verlusts und haben auch einmal schlechte Tage. Mit jeder Woche gewinnen Sie aber an Zuversicht, dass Sie wieder Ihre Freude am Leben zurückgewinnen und die Kraft finden, ein neues Kapitel in Ihrem Leben aufschlagen zu können.

4. Die 3 grundlegenden Schritte zur Trauerbewältigung

Sie wissen nun, in welcher Trauerphase Sie sich gerade befinden. Vielleicht fühlen Sie sich dabei hilflos und von fremden Kräften bestimmt. Das ist völlig normal. In solchen Sondersituationen schaltet unser Körper auf einen Notbetrieb, der es uns erlaubt, das Trauma schrittweise zu überwinden und trotzdem weiterleben zu können. Vielleicht haben Sie aber auch schon gemerkt, dass es vieles gibt, das Sie aktiv tun können, um Abschied von der Person zu gewinnen. All die Dinge, die Trauernden dabei helfen, das eigene Trauma zu verarbeiten, werden der Trauerbewältigung zugeordnet. Schließlich sind Menschen nicht nur ein Spielball ihrer Gefühle. Vielmehr können Sie Ihre Wahrnehmung und Gefühle oft maßgeblich mitbestimmen oder zumindest die Voraussetzungen schaffen, damit eine erfolgreiche

Trauerbewältigung gelingt. Hier soll es um all die Werkzeuge, Verhaltensweisen und Möglichkeiten gehen, die Sie beim Abschiednehmen unterstützen. Geben Sie auch in dieser schwierigen Phase Acht auf sich und gehen Sie wertschätzend mit sich um. Genauso wie der Verstorbene das Recht auf einen angemessenen Abschied hat, haben Sie das Recht auf eine Trauerarbeit, die Ihnen beim Abschiednehmen hilft. Sie sind stärker als Sie denken.

4.1. Schritt 1: Bewusstes Abschiednehmen

Oft beginnt die Trauerbewältigung bereits vor dem Tod des geliebten Menschen. Wenn sich der Tod bereits seit Wochen, Monaten oder vielleicht gar Jahren abzeichnet, haben die Angehörigen und Freunde viel Zeit, sich auf diese neue Realität einzustellen. Das mag seltsam oder manchmal sogar unangemessen erscheinen. Das stimmt so aber schlicht nicht. Bei der Trauerbewältigung vor dem Tod geht es um das Abschied nehmen und damit keineswegs nur um Ihre Gefühle. Vielmehr weiß auch die betroffene Person, dass sie bald sterben wird oder ahnt es zumindest. In dieser unvorstellbar schweren Lage sucht auch der Sterbende nach Orientierung und wünscht sich einen versöhnlichen Abschluss seines Lebens. Wenn Sie also bewusst Abschied nehmen, dann ist das vor allem eine Geste des Respekts gegenüber der betroffenen Person, die es Ihnen beiden erlaubt, mit Ihrer gemeinsamen Zeit abzuschließen.

Doch manchmal ist es Ihnen einfach nicht vergönnt, Abschied zu nehmen. Die Gründe können hier ganz unterschiedliche sein. Denken Sie zurück an Anna, die ihren Vater durch einen Unfall verloren hat. Doch selbst Elisabeth hatte nicht mehr bewusst Abschied genommen, obwohl ihr Mann doch bereits auf der Palliativstation war. Seien Sie also mutig und gestehen Sie sich den nahenden Tod der geliebten Person ein. Ansonsten kann es sein, dass Sie keine Möglichkeit mehr haben, Lebewohl zu sagen, was für manche eine große Belastung darstellt. Doch was können Sie nun konkret machen, sobald Sie wissen, dass ein geliebter Mensch bald sterben wird? Und welche anderen Möglichkeiten gibt es, im Nachgang angemessen

Abschied zu nehmen, wenn Ihnen der Abschied zu Lebzeiten verwehrt blieb?

Zunächst ist es wichtig zu verstehen, dass es für das Abschiednehmen keinen festen Ablauf oder die Geheimformel gibt, mit der das für jeden am besten gelingt. Der Sterbende und Sie haben eine einzigartige Verbindung. Dementsprechend ist auch die Art und Weise wie Sie sich verabschieden einzigartig. Was für den einen unangemessen wäre, kann für den anderen ein Spaß aus gemeinsamen Studienzeiten sein, mit dem die tiefe und lange Verbundenheit ausgedrückt wird. Die folgenden Hinweise und Tipps können Ihnen aber dabei helfen, den Abschied aktiv anzustoßen und so auszugestalten, dass Sie dem Sterbenden, sich selbst und Ihrer einmaligen zwischenmenschlichen Beziehung gerecht werden.

Gestehen Sie sich zunächst ein, dass Ihnen nicht mehr viel Zeit bleibt. Das ist der wohl schwerste Schritt, wenn der Tod einer geliebten Person naht. Viele betroffene Freunde und Angehörige realisieren es zwar unterbewusst, statt jedoch die richtige Konsequenz daraus zu ziehen und bewusst Abschied zu nehmen, beginnen sie ohne böse Absicht bereits mit der ersten Phase der persönlichen Trauerarbeit: der Verdrängung. Das hat zur Folge, dass Sie zwar bis zuletzt für die sterbende Person da sind, aber nie einen wirklichen Abschied durch Ihre Handlungen vollziehen oder direkt aussprechen. Suchen Sie deshalb das Gespräch mit den Pflegern und Ärzten. Schildern Sie hier Ihre Sorgen und Ängste und bitten Sie um eine ehrliche Einschätzung. Das medizinische Fachpersonal und andere Pflegekräfte haben dann nicht mehr das Gefühl, dass Sie durch unklare Aussagen geschützt werden müssten und geben Ihnen in der Regel eine realistische Einschätzung.

Des Weiteren gelingt das Abschiednehmen häufig nicht über eine große Geste oder Worte. Viele Sterbende wissen, dass ihnen nicht mehr viel Zeit bleibt und sie haben oft bereits mit starken körperlichen Einschränkungen zu kämpfen. Seien Sie deshalb einfach für den Sterbenden da. Bereits Ihre Anwesenheit vermittelt dem Betroffenen Sicherheit und er spürt, dass Sie ihn nicht allein lassen wollen. Hier können Sie den Sterbenden dann so unterstützen wie er es gerade braucht. Vielleicht stellen Sie in diesen gemeinsamen Stunden fest, dass Sie überhaupt keine Worte brauchen, um Abschied von der geliebten Person zu nehmen. Oft reicht ein Blickkontakt, ein Händedruck oder ein Moment gemeinsam erlebter Stille aus, um da zu sein und Abschied zu nehmen.

Mit dem Abschied endet eine Zeit gemeinsam verbrachten Lebens. Der Abschied kann deshalb auch der passende Moment sein zurückzublicken und sich gemeinsam daran zu erinnern, welch schöne Momente gemeinsam erlebt wurden. Viele Betroffene freuen sich deshalb darüber, wenn Sie ein Fotoalbum, Poesiealbum oder andere Erinnerungsstücke mitbringen und gemeinsam in schönen Erinnerungen schwelgen. Doch die Vergangenheit lässt sich auch indirekt zum Leben erwecken, um ihrer gemeinsam zu gedenken. Lesen Sie dem Sterbenden beispielsweise sein Lieblingsbuch vor, sehen Sie sich gemeinsam eine frühere Lieblingsshow an oder erstellen Sie der geliebten Person eine Musikplaylist. Damit füllen Sie auch diese letzten Tage und Wochen mit Leben und erlauben es sowohl dem Betroffenen als auch sich, noch einmal die Schönheit der geteilten Freude gemeinsam zu erleben. Die letzten Tage und Wochen werden so zumindest kurzzeitig nochmal lebendig und nicht zu einer Zeit auf der Intensiv- oder Palliativstation, die nur Schmerz und Resignation bedeutet.

Doch trotz all dieser Gesten und Aktivitäten haben Sie vielleicht noch das Gefühl, dass Sie dem Betroffenen sagen wollen, wie sehr Sie die gemeinsam verbrachte Zeit schätzen und wie sehr Sie ihn vermissen werden. Sobald Sie dieses Bedürfnis verspüren, dann folgen Sie Ihrer Intuition und suchen Sie das Gespräch. Welchen Weg Sie dabei genau wählen, sollten Sie ganz von Ihren Gefühlen abhängig machen. Vielleicht sind Sie eher der direkte Typ und Sie würden dem geliebten Menschen einfach direkt sagen, wie sehr Sie ihn schätzen und für immer vermissen werden. Falls Sie gerne kreativ sind, eignet sich beispielsweise auch ein Gedicht oder Bild, um diese Nachricht zu überbringen. Doch vergessen Sie nicht, dass manche Sterbende selbst noch nicht bereit sind, ihr Schicksal zu akzeptieren und das vielleicht noch selbst ausblenden und verdrängen. Geben Sie dem Betroffenen in diesem Fall einfach Halt und Sicherheit und stellen Sie Ihr eigenes Bedürfnis des offenen Abschiednehmens hinten an. Seien Sie einfach für Ihren geliebten Menschen da.

Wie bereits angedeutet kann es aber auch sein, dass es Ihnen einfach nicht möglich ist, bei dem Sterbenden zu sein. Diese Situation ist natürlich eine große Belastung für Sie. Vielleicht plagen Sie bereits Schuldgefühle oder Sie befürchten, gerade einen großen Fehler zu begehen. Befreien Sie sich von diesen Schuldgefühlen. Oft ist das Leben nicht fair und wir alle sind an dessen Regeln gebunden. Vielleicht sind Sie gerade tausende Kilometer entfernt. Oder Sie müssen gerade auch für andere Menschen da sein. Manchmal war die Beziehung zu einem anderen Menschen aber auch eine mit Widersprüchen und Sie haben nicht die Kraft, den Sterbenden nochmals zu besuchen. In all diesen Fällen bleibt Ihnen das persönliche letzte Treffen verwehrt. Das heißt aber keineswegs, dass Sie nicht auch Abschied nehmen und Nähe spüren können. Schließlich gibt es eine Reihe von Möglichkeiten, dem Sterbenden trotz Distanz nahe zu sein.

Zunächst bieten sich hier natürlich klassische Wege der Kontaktaufnahme wie das Telefonat, die Videokonferenz oder Nachrichtendienste an. An dieser Stelle sei besonders die Videokonferenz hervorgehoben, die eine noch größere Intimität als ein einfacher Anruf bietet. Schließlich können Sie sich hier gegenseitig inklusive ihrer Umgebung sehen. Vielleicht haben Sie den Sterbenden schon einige Jahre nicht mehr gesehen und wollen ihm etwa Ihre Kinder zeigen. Gleichzeitig bietet eine Videokonferenz dank der Bildaufnahmen auch Sprechanlässe, die leichter ein Alltagsgespräch aufkommen lassen und selbst bedeutungsvolle Momente des Schweigens erlauben.

Nähe lässt sich aber nicht nur im Gespräch herstellen. Schreiben Sie doch einfach einmal wieder einen Brief oder packen Sie ein Paket mit allerlei persönlichen Gegenständen, Geschenken und Produkten. Ein aufgesetzter Brief bietet Ihnen die Möglichkeit, Ihre Gedanken mit Bedacht zu formulieren und wirkt dank der Handschrift und des Briefpapiers auch viel persönlicher als eine E-Mail. Zudem trägt unsere Handschrift auch unsere Persönlichkeit, was Ihrem geliebten Menschen im Moment des Lesens viel bedeuten kann. Mit kleinen Geschenken und Produkten können Sie dagegen an die gemeinsame Zeit erinnern oder einfach beweisen, dass Sie wissen, was der Betroffene gerne mag. Wenn Ihr geliebter Mensch dann Ihr Paket öffnet, das beispielsweise seine Lieblingssüßigkeit oder -magazin enthält, dann spendet das ihm Licht in dieser dunklen Zeit.

Letztlich muss die räumliche Trennung dank moderner Technik nicht heißen, dass Sie nicht noch gemeinsame Stunden verbringen können. Beispielsweise können Sie gleichzeitig einen Film oder eine TV-Serie schauen und sich währenddessen oder danach darüber telefonisch oder online austauschen. Daneben bieten sich auch interaktive Plattformen und Videospiele an, um gemeinsam Zeit zu verbringen, Spaß zu haben und sich aneinander zu erfreuen. Wenn Sie beispielsweise die Familie zu einer gemeinsamen Kartenrunde auf dem Tablet herausfordern, dann vergisst vielleicht auch der Betroffene für einige Zeit, dass er sich gerade im Krankenhaus befindet. Füllen Sie auch diese letzten gemeinsamen Monate, Wochen und Tage mit Leben.

Wir wissen nicht, was uns nach dem Tod erwartet und es ist das wohl größte Geheimnis des Lebens, mit dem sich die meisten Menschen dennoch nicht bewusst zu Lebzeiten auseinandersetzen. Wenn der Tod naht, sind wir aber gezwungen, uns damit auseinanderzusetzen. Dabei ist es egal, ob wir an ein Leben nach dem Tod glauben oder überhaupt keine Vorstellung haben, was geschehen wird. Diese große Unbekannte macht Menschen schlicht Angst. Ein bewusstes Abschiednehmen bietet Ihrer geliebten Person dabei die Möglichkeit, selbst Halt und Sicherheit in dieser schwierigen Phase in seinem Umfeld und bei Ihnen zu finden. In Ihrer Unterstützung findet der Sterbende dann Halt und Trost. Daneben ist diese Form der Verabschiedung aber auch für Sie wichtig. Sie hilft Ihnen dabei, sich dieser Realität zu stellen und auch nach dem Tod eine erfolgreiche Trauerarbeit einleiten zu können. Stellen Sie sich dieser traurigen und grausamen Realität. Der nahende Tod ist bereits unendlich tragisch. Tragen Sie nicht noch zu diesem Leid bei sich selbst und Ihrem Umfeld bei, indem Sie sich der Situation verschließen. Ihre geliebte Person braucht Sie jetzt. Sie haben die Stärke, Ihre geliebte Person zu unterstützen. In der späteren, eigenen Trauerarbeit werden Sie dann auch feststellen, dass Sie sich keine Vorwürfe machen müssen, da Sie nach Ihrem besten Gewissen gehandelt haben. Zudem können Sie die Phase der Verdrängung so bereits zu Lebzeiten des Sterbenden hinter sich lassen, um voll für ihn, Ihre Freunde und Angehörige und sich selbst da sein zu können.

4.2. Schritt 2: Hilfe annehmen!

Manches wollen wir gerne mit uns selbst ausmachen. Dazu gehört bei vielen von uns auch das Trauma, das durch den Verlust eines nahestehenden Menschen ausgelöst wird. Hier kann es sein, dass wir einfach nicht über das Geschehene reden wollen und uns selbst sehr unwohl und antriebslos fühlen. Die Suche nach Austausch und sozialem Kontakt erscheint dann anstrengend und bedrängend, weshalb viele Trauernde jede Unterstützung ablehnen. Doch warum ist es eigentlich wichtig, sich in dieser schwierigen Zeit

Freunden, Familie und manchmal auch Experten ohne Scham zu öffnen?

Menschen sind soziale Wesen. Unser Bedürfnis nach sozialem Austausch und Akzeptanz ist tief in uns verankert. Abraham Maslow, ein amerikanischer Psychologe, entwarf in der ersten Hälfte des 20. Jahrhunderts hierzu eine Pyramide, die heute als Maslows Bedürfnishierarchie weiterhin wissenschaftliche Relevanz hat. Gemäß der Hierarchie sind gewisse Grundbedürfnisse die Grundvoraussetzung dafür, dass wir ein erfülltes Leben führen können. Die Basis bilden dabei die physiologischen Bedürfnisse sowie das Sicherheitsbedürfnis. Direkt danach folgen bereits die sozialen Bedürfnisse. Die Sehnsucht nach Gruppenzugehörigkeit, Zuneigung, Liebe, sozialem Austausch, Kommunikation und Zugehörigkeitsgefühl sind somit tief in uns verankert. Wenn Sie sich nun dauerhaft aus Ihrem sozialen Umfeld, also vor allem von Familie und Freunden zurückziehen, dann ist das aus einer Reihe von Gründen problematisch.

Wenn Sie sich aus Lethargie, Wut, Scham, Trauer oder anderen Gründen langfristig zurückziehen, dann berauben Sie sich einer der stärksten Möglichkeiten der Trauerbewältigung: dem Austausch mit anderen Menschen. In der Phase der Verdrängung finden Sie in Ihrem Umfeld beispielsweise Menschen, die Ihnen weiterhin die Aufrechterhaltung eines Alltags ermöglichen. Sollten Sie sich wiederum in der Phase der Wut und Scham befinden, dann reagieren Ihnen nahestehende Menschen mit Rücksicht auf Ihre Gefühlsausbrüche und Sie müssen keine Verurteilung fürchten. Doch auch in den weiteren Phasen der Verhandlung, Verzweiflung und Akzeptanz finden Sie bei Familie und Freunden immer eine Anlaufstelle, die Ihnen Sicherheit, Unterstützung und Zuversicht spendet. Der soziale Austausch ist in all diesen Phasen allein deshalb schon wichtig, weil Trauerarbeit auch als die unbewusste und bewusste Auseinandersetzung mit dem Tod des geliebten Menschen verstanden werden kann. Sobald Sie sich über Ihre Gedanken, Gefühle und Erinnerungen mit anderen nahestehenden Menschen austauschen, setzen Sie sich auch selbst mit diesem schmerzhaften Thema auseinander. Allein schon das Ordnen und Verbalisieren von Gedanken kann dabei helfen, sich der neuen Realität zunehmend bewusstzuwerden und die eigenen Gefühle überhaupt wahrzunehmen und anschließend zu ordnen. Zudem erhalten Sie durch diesen Austausch auch eine Rückmeldung von Ihrer Umgebung und damit von Menschen, die Sie ebenfalls sehr schätzen und die Sie unterstützen wollen. Manchmal kann es auch hilfreich sein, ein Feedback von außen zu bekommen.

Bei diesem Austausch sollten Sie aber nicht vergessen, dass Sie nicht allein trauern und jeder Mensch unterschiedlich mit einem Verlust umgeht. Wenn wir zurück an die Geschichte von Anna denken, dann befanden sich Anna und Ihre Mutter nicht immer in der gleichen Trauerphase und hatten unterschiedliche Bedürfnisse, damit umzugehen. In der gemeinsamen Trauerarbeit treten Sie deshalb häufig sowohl als Trauernder als auch als derjenige auf, der gerade trotz des persönlichen Verlusts Trost spendet. Keine dieser beiden Rollen fällt leicht. Die folgenden Hinweise können Ihnen aber dabei helfen, beide Rollen so auszufüllen, dass alle Trauernde Halt beim anderen finden und gemeinsam dieses Trauma bewältigen.

Als Trauernder sollten Sie im Gespräch nicht immer wieder die gleichen Gedanken, Geschichten und Gefühle wiederholen. Viele Betroffene erzählen beispielsweise bei jedem Gespräch die Geschichte der letzten Tage des Verstorbenen, wie stark er leiden musste und wie sehr man selbst davon betroffen war. Diese ständige Wiederholung kann als das unbewusste Bemühen gedeutet werden, das Geschehen selbst zu verstehen und zu verarbeiten. Allerdings bringt Sie eine solche Wiederholung nicht nur selbst irgendwann nicht mehr weiter, sondern drängt auch Ihre Familienmitglieder und Freunde in die Rolle des passiven Zuhörers. Als solcher wird er dann mit den immer gleichen, negativen Ausführungen belastet, zu denen er bereits alle seine Gedanken geäußert hat. Dieses Problem lässt sich auf zweierlei Wegen entschärfen. Falls Sie das Bedürfnis verspüren, weiter über die gleichen Inhalte zu sprechen, dann klären Sie Ihr Gegenüber über dieses Bedürfnis auf. Wenn Sie ihm klarmachen, dass Ihnen diese Schilderungen gerade helfen und Sie sich bewusst sind, dann sich Ihre Gespräche seit langem im Kreis drehen, kann Sie Ihr Freund auch besser verstehen und unterstützen. Andererseits können Sie auch ganz bewusst die Gesprächsthemen wechseln, sobald Sie merken, dass Sie zu den gleichen Schilderungen zurückkehren.

Des Weiteren können Sie sich bevorzugt mit Angehörigen und Freunden austauschen, die ebenfalls gerade den Austausch suchen oder nicht direkt von dem Verlust betroffen sind. So können Sie beide von diesem Austausch profitieren oder stellen zumindest sicher, dass Sie keine Personen mit Ihrer Gesprächssuche belasten, die selbst vielleicht noch nicht dazu bereit sind. Hier können Sie das Gespräch offen anbieten, ohne den Austausch zu erzwingen.

Manchmal stellen Sie wahrscheinlich auch fest, dass Ihre eigene Trauer zwar kaum erträglich erscheint, andere Mitmenschen aber mindestens ebenso stark leiden. Gemeinsam kann es Ihnen gelingen, sich Kraft zu spenden und diese schwere Zeit zu überstehen. Das bedeutet aber auch, dass Sie zeitweise jene Säule sein müssen, die anderen Trauernden Zuversicht und Kraft spendet. Machen Sie sich deshalb bewusst, wer aus Ihrem Umfeld noch besonders unter dem Tod des geliebten Menschen leidet und seien Sie auch für die Person da. Hier reicht es oft aus, Unterstützung zu signalisieren und die Gefühle und Gedanken des anderen anzuerkennen. Ein schweigendes Zuhören oder das Teilen eigener Gefühle und Gedanken ist dann besser als sich in Plattitüden zu flüchten, um die eigene Unsicherheit oder Trauer zu kaschieren. Seien Sie ehrlich und aufrichtig und spenden Sie sich gegenseitig Trost.

Vielleicht stellen Sie aber auch fest, dass Sie aktuell über kein soziales Netz verfügen, mit dem Sie sich über Ihre Trauer und Gefühle austauschen können. Oder aber Sie haben das Gefühl, Ihr Umfeld nur noch zu belasten oder Probleme zu haben, die einfach nicht weggehen wollen. Hier stecken manche Trauernde dann in einer Trauerphase fest und merken, dass Sie da selbst nicht mehr rauskommen und jeden Mut verlieren. In diesem Fall müssen Sie sich nicht dafür schämen, einen Experten aufzusuchen. Doch ab wann sollten Sie eigentlich einen Experten aufsuchen, welche Ansprechpartner gibt es und was macht eine solche Kontaktaufnahme so wertvoll?

Der Besuch eines Experten ist einerseits dann angeraten, wenn Sie unter schwer zu kontrollierenden Emotionen und Verstimmungen leiden, die entweder für Sie selbst oder Ihre Mitmenschen gefährlich werden können. Das wäre etwa bei Suizidgedanken, starken Aggressionen, Panikattacken oder Suchtverhalten der Fall. Andererseits empfiehlt sich das Aufsuchen eines Experten auch dann, wenn Sie längerfristig unter Problemen leiden, die es Ihnen schwer machen, Ihren Alltag zu meistern und den Weg zurück in die neue Normalität zu finden. Beispiele hierfür wären anhaltende Schlafstörungen, Konzentrationsstörungen, innere Unruhe, Vermeidung von bestimmten Orten oder Handlungen, mangelnde Körperpflege, Albträume, mangelnder Antrieb und körperliche Symptome wie Bauch- und Kopfschmerzen. Diese Probleme können darauf hinweisen, dass Sie den Tod auch nach Monaten oder Jahren nicht wirklich verarbeitet haben. Sollten Sie deshalb stärker unter diesen Problemen leiden, kann Ihnen auch hier ein Experte helfen.

Doch wer ist eigentlich ein geeigneter Experte, an den Sie sich in dieser schwierigen Zeit wenden können? Hier stehen Ihnen verschiedene Ansprechpartner zur Verfügung. Eine erste Anlaufstelle wäre die Trauerbegleitung. Sie wird häufig von ehrenamtlich engagierten Menschen geleistet, die sich in Vereinen oder kirchlichen Verbänden organisieren. Insbesondere Hospizvereine bieten den Angehörigen häufig auch eine Trauerbegleitung an. Hier können Sie darauf vertrauen, dass Ihre Trauerbegleitung auch im Falle eines Ehrenamts im Vorfeld eine Ausbildung absolvieren musste, die sich im Falle des größten Verbands, dem Bundesverband Trauerbegleitung, über 80 Unterrichtseinheiten erstreckt. Allerdings handelt es sich bei der Trauerbegleitung dennoch nicht um ein medizinisches oder therapeutisches Angebot. Falls Sie daher unter akuten Problemen leiden und ärztlichen Rat suchen, wäre ein Psychotherapeut oder Psychologe der richtige Ansprechpartner. Sie sind mit der Verarbeitung eines Traumas bestens vertraut und können Sie beispielsweise in einer Gesprächstherapie oder medikamentös in Ihrer Trauerarbeit unterstützen. Alternativ zu diesen Anlaufstellen finden sich in Städten und online auch Selbsthilfegruppen, die sich in Form von Trauergruppen organisieren. Hier finden Sie nicht nur ein offenes Ohr, sondern können Ihr Leid auch mit Menschen teilen, die ebenfalls betroffen und deshalb umso sensibler für diese Thematik sind.

Egal, für welches dieser Angebote Sie sich entscheiden: Sie müssen sich nicht dafür schämen. Sie haben gerade einen schwerwiegenden Verlust erlitten oder begreifen gerade, dass ein geliebter Mensch Sie bald verlassen wird. Sie haben jedes Recht dazu, sich die Hilfe zu holen, die Sie gerade benötigen. Eine solche Hilfe stellt auch keine Abwertung Ihrer Familie oder Freunde dar. Manchmal kann es einfach erleichternd, hilfreich oder wichtig sein, mit jemandem zu sprechen, der überhaupt nicht an der Situation beteiligt ist. Zudem können Ihnen insbesondere Psychologen und Psychotherapeuten auch zielgerichtet helfen und einschätzen, ob Ihr Empfinden und Verhalten behandlungsbedürftig sind. Leider werden psychische

Leiden im deutschsprachigen Raum häufig weiterhin abwertend gesehen. Ein Trauma ist aber wie ein Unfall, bei dem es auch Verletzungen geben kann. Bei körperlichen Verletzungen würden Sie auch nicht auf die Idee kommen, dass Ihre engagierten Geschwister samt Verbandskasten für eine Behandlung ausreichen würden. Verlassen Sie sich deshalb auch bei Ihrer mentalen Gesundheit nicht nur auf Familie und Freunde, wenn Sie das Gefühl haben, dass Sie wirklich Hilfe brauchen. Sie erleben gerade die vielleicht schwerste Zeit, mit der wir als Menschen konfrontiert werden. Sie müssen sich also nicht dafür schämen, einen Experten aufzusuchen.

4.3. Schritt 3: Trauer Ausdruck geben

In unserer Trauer um den geliebten Menschen verändern wir uns. Wir arbeiten uns an der Vergangenheit ab und versuchen, diese zu verstehen. Gleichzeitig befinden wir uns in einer Zeit, in der unser Angehöriger oder Freund nicht mehr bei uns ist. Deshalb beginnen wir auch unterbewusst und bewusst, damit eine Zukunft für uns zu erschaffen, die diesem Verlust gerecht wird. Während all dieser Prozesse sehnen wir uns nach Ausdruck. Wahrscheinlich fühlen auch Sie sich gerade von Emotionen überschwemmt. All diese Gefühle suchen nach einem Ventil. Ein solches Ventil kann sich eignen, damit wir uns dieser Gefühle entledigen können. Wenn Sie beispielsweise Wut und Frustration verspüren, dann sehnen Sie sich wahrscheinlich danach, diese Gefühle abzulegen. Ein Ventil kann sich aber auch dazu eignen, damit wir uns selbst besser verstehen lernen und damit die Trauerbewältigung unterstützen. Doch welche Möglichkeiten haben Sie, Ihrer Trauer Ausdruck zu verleihen, damit Sie in dieser schwierigen Phase nicht nur zum Spielball der Ereignisse werden?

Es gibt unzählige Wege, der eigenen Trauer Ausdruck zu verleihen. Der Klassiker wäre hier das Gespräch, das bereits näher beleuchtet wurde. Neben der Konversation haben Sie aber auch andere Möglichkeiten, nonverbal mit anderen zu kommunizieren und Ihrer Trauer Ausdruck zu verleihen. Ein Beispiel wäre das Tragen von Trauerkleidung. Damit signalisieren Sie, dass Sie gerade trauern und um einen entsprechenden Umgang bitten. Gleichzeitig kann Ihnen selbst das Tragen von Trauerkleidung bei der Trauerarbeit helfen. Schließlich konfrontieren Sie durch das Tragen nicht nur andere in der Öffentlichkeit, sondern auch sich selbst mit der traurigen Tatsache, dass ein geliebter Mensch gestorben ist. So kommen Sie auch mit Menschen über Ihren Verlust ins Gespräch, die vielleicht nicht einmal davon wussten. Das mag nicht jedem angenehm sein. Manchmal kann es sich aber gut anfühlen, sich mit Außenstehenden auszutauschen.

Es braucht aber nicht zwingend eine andere Person, damit Sie Ihrer Trauer Ausdruck geben können. Vielmehr können Sie das Ganze auch als einen Prozess verstehen, den Sie in sich vollziehen und für sich selbst ein Ventil schaffen. Eine Möglichkeit des persönlichen Ausdrucks wäre das Schreiben. Dabei sind Sie weder an eine Textart noch an irgendwelche anderen Vorgaben gebunden. Sie könnten beispielsweise ein Gefühlstagebuch führen, in dem Sie festhalten, was Sie heute am meisten bedrückt und am meisten erheitert hat. Oder Sie widmen sich einer Kurzgeschichte oder gar einem Roman. Hier können Sie Ihrer Kreativität freien Lauf lassen. Vielleicht würden Sie gern nochmals in die Vergangenheit zurückkehren und eine Kurzgeschichte aus einer Zeit schreiben, in der Sie der geliebten Person nahestanden? Oder Sie verfassen einen Fantasy-Roman, der zwar in Sachen Setting und Figuren nichts mit der Realität zu tun hat, aber doch Themen aufgreift, die Sie gerade beschäftigen. Sobald Sie mit Ihrem Werk fertig sind, können Sie dann selbst entscheiden, was damit geschehen soll. Oft empfinden Trauernde bereits das Ordnen der Gedanken selbst als befreiend und behalten den Text für sich. Andere sehen darin wiederum einen Weg, um anderen ihre Gefühle zu verdeutlichen. So hat Joseph Conrad, ein polnisch-britischer Schriftsteller, einmal gesagt: „Das Ziel des Schreibens ist es, andere sehen zu machen." Dementsprechend kann das Schreiben anderen erlauben, Ihre Gefühle zu sehen und besser zu verstehen. Der Ausdruck im künstlerischen Werk ist aber natürlich nicht auf das Schreiben begrenzt. Vielleicht zieht es Sie eher zur Malerei, der Fotografie, dem Modellbau oder einem anderen kreativen Hobby. Lassen Sie sich hier von Ihrer Intuition leiten und genießen Sie diese Momente des Schaffens und der Stille.

Bewegung und Sport wären ein weiteres Ventil für Ihre Trauer. Meditieren und Yoga können Ihnen nicht nur dabei helfen, über das Geschehene zu reflektieren, sondern erlauben Ihnen auch einen positiven Bezug zu Ihrem Körper. Das ist für Trauernde besonders wichtig, da die eigene Person und damit auch der Körper oft vernachlässigt werden. Anderseits können Sie aber auch Formen der Bewegung wählen, die eher einen Abbau von Belastung und weniger einen Ausdruck Ihres Gefühlslebens erlauben. Wenn Sie etwa Wut verspüren und sich unausgelastet fühlen, können Sie eine Runde Laufen gehen oder ein Krafttraining absolvieren. Damit gewinnen Sie ebenfalls Abstand zur unmittelbaren Belastung durch das Trauma und bewerten die Situation danach oft ein wenig differenzierter.

Zeiten des Verlusts und der Trauer erinnern uns oft aber auch an die wirklich wichtigen Dinge im Leben. Vielleicht verspüren Sie deshalb aktuell trotz aller

Umstände auch große Dankbarkeit für Ihre Familie und Freunde. Auch diesen positiven Emotionen in einer sonst düsteren Zeit können Sie Ausdruck verleihen, indem Sie Ihren nahestehenden Personen zeigen, wie wichtig sie Ihnen sind. Diese Gefühle lassen sich zeigen, indem Sie Ihren Liebsten beispielsweise etwas backen oder kochen, etwas basteln, mit ihnen ihr Lieblingsspiel spielen oder ihnen Blumen schenken. In solchen Zeiten können selbst kleine Gesten viel bewirken. Schließlich geben Sie auch hier Ihrer Trauer indirekt Ausdruck, indem Sie zeigen, dass Sie bereit sind, das Geschenk des Lebens trotz der Ereignisse weiterhin als solches zu schätzen.

Egal, für welchen Weg Sie sich entscheiden, Ihren Gefühlen Ausdruck zu verleihen, Sie werden feststellen, dass das auch belastend und anstrengend sein kann. Vielleicht verspüren Sie gerade eine große Lethargie, können sich kaum konzentrieren oder fühlen sich einfach nur aufgewühlt und unruhig. Warum sollten Sie also trotzdem Zeit und Energie dafür aufwenden, um Ihren Gefühlen Ausdruck zu verleihen? Prinzipiell gibt es drei Gründe, die dafür sprechen. Wenn Sie sich dafür entscheiden, Ihre Gefühle zu ignorieren, dann betrifft das alle Gefühle. Natürlich sind die meisten Ihrer Gefühle in dieser schwierigen Zeit negativ oder belastend. Ein Teil von Ihnen empfindet aber wohl auch Dankbarkeit und Nähe gegenüber der geliebten Person und den eigenen Freunden. Wenn Sie sich nie Zeit nehmen, auch nur irgendwas zu fühlen, sondern sich nur ständig mit anderen Tätigkeiten ablenken, dann nehmen Sie auch diese positiven Gefühle nicht wahr. Darüber hinaus zieht das Ignorieren der eigenen Gefühle nur noch mehr Leid nach sich. Wenn Sie kein Ventil für Ihre Emotionen finden und der Umwelt auch nicht Ihre Trauer signalisieren, dann schaffen Sie eine Barriere zwischen sich und Ihrer Familie und Ihren Freunden. Während Sie selbst dann immer unausgeglichener werden, finden Ihre Liebsten kaum noch Zugang zu Ihnen. Im Endeffekt entfremden Sie sich dann von Ihrem Umfeld, was nur weiteres Leid bedeutet. Als letzter, wichtiger Aspekt kann zudem noch die erfolgreiche Trauerbewältigung genannt werden. Wie Sie bereits erfahren haben, kann der Trauerprozess auch als ein Prozess der Akzeptanz verstanden werden. Zunächst gestehen sich Trauernde den Tod ein, um ihn dann vollends zu akzeptieren und soweit zu verarbeiten, dass ein Leben danach möglich wird. Während dieser gesamten Zeit verarbeiten wir Emotionen, bewerten Erfahrungen neu und entwickeln uns weiter. Das alles gelingt am besten, wenn wir die Prozesse offen zulassen und uns der Realität stellen. Wer sich hingegen seinen Gefühlen verschließt, behindert nicht nur die Verarbeitung des Verlusts, sondern kann auch langfristig in einzelnen Phasen der Trauer verbleiben, ohne Sie zu überwinden. Wenn Sie sich aber die Zeit nehmen, Ihre Gefühle frei zu entfalten, dann werden Sie bald Veränderungen in sich feststellen. Das können beispielsweise neue Gedanken und Emotionen sein. Vielleicht empfinden Sie dann bald nicht mehr nur Angst, Trauer oder Wut über den Tod, sondern auch Dankbarkeit für all die gemeinsam verbrachten Jahre. Oder aber Sie stellen fest, dass Ihre Gedanken nicht mehr in der Vergangenheit kreisen und damit sich beschäftigen, unter welchen Umständen alles hätte anders laufen können.

Stattdessen verschiebt sich Ihr Fokus dann auf das Jetzt und die Zukunft, sodass Sie sich erstmals auch wieder dem Alltag und der Etablierung eines neuen Lebens widmen können. Die Trauer geht damit natürlich nicht sofort weg. Sie fängt aber an, sich zu verändern und teilweise anderen Emotionen zu weichen. Wenn Sie Ihrer Trauer Ausdruck verleihen, dann erkennen Sie diese an. Am Ende wird sich Ihre Trauer dann verändern, abschwächen und durch neue Emotionen ergänzt. Seien Sie mutig. Sich den eigenen Gefühlen zu stellen ist schwer. Noch schwerer ist es bei solch starken Gefühlen, deren Einordung im ersten Moment nicht einmal annähernd gelingt. Finden Sie einen sanften Einstieg, der Ihnen entspricht. Unsere Sprache ist nur eine Form der Kommunikation. Worte können nicht alles umfassen. Denken Sie nur an das Sprichwort: „Ein Bild sagt mehr als tausend Worte". Natürlich muss es bei Ihnen nicht das Bild sein. Ebenso können eine kleine Geste, Musik, Bewegung oder eine andere Form des Ausdrucks eine innere Öffnung bedeuten.

Falls Sie sich gerade noch am Anfang Ihres Trauerprozesses befinden, dann wissen Sie vielleicht nicht, wie Sie überhaupt mit der Wahrnehmung der eigenen Gefühle anfangen sollen. Versuchen Sie doch einfach, sich jeden Tag eine Stunde ganz bewusst Zeit zu nehmen. Wann das ist, hängt ganz von Ihren Vorlieben und Ihrem Tagesablauf ab. Manche bevorzugen beispielsweise die frühen, ruhigen Morgenstunden, in denen die Welt gerade erwacht. Andere Trauernde finden diese Zeit am Nachmittag oder Abend, wenn alle Aufgaben erledigt sind und der Kopf frei wird. Wichtig ist lediglich, dass es sich dabei um eine Zeit handelt, die ganz Ihnen gehört. Stellen Sie deshalb sicher, dass Sie während dieser Stunde nicht unnötig gestört werden, indem Sie beispielsweise Familienmitglieder darüber informieren und das Handy leise stellen. Begeben Sie sich zudem an einen Ort, an dem Sie sich wohlfühlen. Das kann ein Ort in Ihrer Wohnung oder irgendwo in der Natur sein. Beginnen Sie dann, Ihre Gefühle bewusst wahrzunehmen und Raum für diese zu schaffen. Wie

Ihnen das gelingen kann, erfahren Sie im folgenden Kapitel.

5. Umgang mit Trauer und negativen Gefühlen

Wie bereits beschrieben sind Sie mehr als nur ein Spielball Ihrer Gefühle. Sie haben es in der Hand, die Rahmenbedingungen zu schaffen, damit Sie von der geliebten Person Abschied nehmen und ein neues Kapitel in Ihrem Leben aufschlagen können. Wie diese Rahmenbedingungen aussehen, hängt natürlich von Ihrem Einzelfall ab. Manche Trauernde profitieren beispielsweise von Abstand und viel Zeit allein, in der sie ihren Gefühlen Ausdruck verleihen und Zeit zur Reflexion finden. Andere suchen wiederum Nähe und Austausch mit anderen Menschen und können auch von einer professionellen Trauerhilfe profitieren. Doch egal wie Ihr Weg aussieht, den Verlust zu verarbeiten, Sie werden mit Sicherheit mit Trauer und anderen negativen Gefühlen konfrontiert. Diese können so stark sein, dass Sie vielleicht gar nicht wissen, wie Sie damit umgehen sollen. Doch vergessen Sie nicht: Sie sind stark. Und den Umgang mit negativen Gefühlen kann man lernen. Dann gehen die negativen Gefühle zwar nicht einfach so weg. Allerdings können Sie diese dann besser einordnen und damit umgehen, bis die negativen Gefühle schließlich neuen und positiveren Emotionen weichen. Um eben diesen Umgang soll es in diesen Kapitel gehen.

5.1. Muss man funktionieren? Nein, man muss fühlen!

In unserem modernen Alltag sind wir es gewohnt, dass Menschen fast schon wie Maschinen funktionieren müssen. Wir sind beispielsweise an mehr oder weniger feste Arbeitszeiten gebunden und erfüllen jeden Tag unzählige berufliche und private Erwartungen.

Sobald Sie dann feststellen, dass in Ihnen aufgrund des tragischen Verlusts ein Gefühlschaos herrscht, kämpfen Sie nicht nur mit all diesen negativen Gefühlen. Stattdessen schleicht sich auch noch der Selbstvorwurf ein, dass Sie doch eigentlich weiter Ihren Pflichten nachkommen und alle Erwartungen erfüllen müssten. Doch eben diese Einstellung ist auch noch aus einem anderen Grund schädlich. So blockieren Sie durch ein erzwungenes Weitermachen Ihren Trauerprozess. Wer sich schließlich in die Arbeit stürzt, hat wenig Zeit zum Nachdenken. Sie haben bereits viel über die Phase der Verdrängung erfahren. Manche Trauernde verbleiben in dieser Phase, obwohl Sie eigentlich bereits innerlich bereit wären, den Verlust anzuerkennen. Der Grund ist dann das falsche Pflichtgefühl, weiterhin funktionieren zu müssen und keinen enttäuschen zu wollen. Langfristig wird Sie eine solche Verdrängung aber immer einholen. An dieser Stelle sei auf das Gebot der Nächstenliebe verwiesen. Dabei ist es unerheblich, ob Sie gläubig sind oder nicht. So heißt es hier: „Liebe deinen Nächsten wie dich selbst". Viele Menschen verstehen das als einen Aufruf zum altruistischen Handeln. Nach dieser Auffassung sollten Sie Ihre Mitmenschen lieben und Ihnen aufopferungsvoll dienen. Eine solche Leseweise unterschlägt allerdings das „wie dich selbst". Ebenso wie Sie anderen Menschen verpflichtet sind und Verantwortung gegenüber tragen, sind Sie auch für sich selbst verantwortlich. Und jetzt gerade sind Sie Trauernder mit all den Bedürfnissen, die damit einhergehen. Gehen Sie respektvoll mit sich um und verschaffen Sie sich den Raum und die Zeit zu fühlen. Doch wie funktioniert das bewusste Fühlen von Gefühlen und wie kann dieser Prozess Ihre Trauerarbeit unterstützen?

Eines vornweg: Leider sind negative Gefühle nichts, was sich einfach mit ein paar Handgriffen in Luft auflösen würde. Sie können es aber schaffen, dass sich Ihre Gefühle im Laufe der Zeit abschwächen und verändern. Ihre jetzige Trauer, Wut, Zerrissenheit oder Verzweiflung werden schwächer werden und irgendwann anderen Gefühlen wie Freude und Dankbarkeit Platz machen. Dieser Prozess verläuft einerseits quasi automatisch während der Trauerarbeit, wie sie bereits zuvor beschrieben wurde. Andererseits können Sie sich Ihren Gefühlen auch bewusst in Form von Gefühlsübungen stellen.

Eine klassische Übung wäre hier die Gefühlsmeditation, wie sie vom deutschen Autor Robert Betz beschrieben wird. Hierzu setzen Sie sich an einen stillen und vertrauten Ort und kommen etwa zehn Minuten zur Ruhe. Dabei konzentrieren Sie sich ausschließlich auf Ihre Atmung und leeren Ihre Gedanken. Sie werden nun spüren, wie Sie langsam zu sich und Abstand vom Alltag finden. Nun können Sie anfangen, in sich hineinzuhorchen und auf Ihren Körper zu hören. Wie fühlt sich Ihr Körper gerade an? Beispielsweise könnten Sie sich gerade beengt, bedrückt oder schwer fühlen. Versuchen Sie nun, diese Empfindungen in Worte zu fassen und still zu verbalisieren. Vielleicht fühlen sich Ihre Beine gerade schwach an. Oder Sie verspüren eine große Enge in der Brust. Nach Betz sind all diese verschiedenen Empfindungen mit Emotionen verknüpft, die sich so erfühlen lassen. Enge steht dabei besonders häufig für Trauer, die sich wie erwähnt in der Brust, aber auch beispielsweise im Hals oder Bauch zeigen kann. Nachdem diese Empfindungen verbalisiert wurden, können Sie diese Gefühle bewusst anerkennen. Robert Betz empfiehlt hierzu eine klare Formulierung, die im Falle der Trauer lauten würde: „Alle Trauer in mir darf jetzt da sein. Ich bin bereit, dich jetzt zu fühlen".

Nachdem Sie diese Gefühle für einige Minuten ertragen haben, sieht Betz vor, sich zunächst einen silbernen Wasserfall und später violettes Licht vorzustellen, die Sie durchlaufen, erfüllen, umhüllen und schließlich von den Gefühlen befreien. Formen der Meditation erlauben es Ihnen, sich demnach sich nicht nur auf geistiger, sondern auch auf körperlicher Ebene Ihren Emotionen zu nähern.

Eine andere Möglichkeit beschreibt die Psychotherapeutin Tina Gilbertson in Form der sogenannten TRUTH-Technik. Hierbei handelt es sich um eine Reihe von Maßnahmen, die Ihnen dabei helfen können, Ihre Gefühle anzuerkennen und zu verarbeiten. Dabei betont Gilbertson, dass es sich nicht um ein Stufenprogramm handelt, weshalb Sie die einzelnen Vorgaben nicht streng nacheinander abarbeiten müssen. Vielmehr handelt es sich um Ziele, die gleichzeitig erfüllt werden können. Suchen Sie für die TRUTH-Technik auch einen stillen Ort auf und setzen Sie sich bequem hin oder legen Sie sich auf den Rücken. Die einzelnen Buchstaben stehen nun für die Stufen der Technik. Das T steht für „Tell". Hier beschreiben Sie sich innerlich die Situation, ohne eine Bewertung vorzunehmen. Anna könnte Ihre Situation beispielsweise so beschreiben, dass sie Ihren Vater vor einer Woche durch einen tragischen Autounfall verlor und nun irritiert ist, warum Sie einfach so weiter in die Uni gehen kann und nichts fühlt. Damit hat Anna auch schon bereits das nächste Ziel erfüllt: R für „Realize". Sie hat sich Ihre Gefühle bewusstgemacht, in diesem Fall ihre Irritation und Verwunderung darüber, dass sie eben noch nichts fühlt. Das folgende U sieht nun das „Uncover" vor, also das Aufdecken von Selbstkritik. Bei Anna schwingt mit der Irritation nicht nur die alleinige Emotion, sondern auch der Selbstvorwurf mit, warum sie denn keine Trauer, Wut oder Angst fühlt. Umso wichtiger ist deshalb das folgende T für „Try to understand". Versuchen Sie also zu verstehen, warum Sie so fühlen, wie Sie gerade fühlen. Für Anna könnte das bedeuten, dass sie bewusst anerkennt, dass sie gerade nichts fühlt, weil ihr alles einfach zu viel ist. Abschließend sieht Gilbertson das H für „Have the feeling" vor. Hier geht es dann vor allem darum, die Gefühle unter den neuen Einsichten auszuhalten, die

Sie gerade gewonnen haben. Lassen Sie Ihre Gefühle zu. Schlagen Sie auf den Boden, weinen oder schreien Sie, wenn Ihnen gerade danach ist. Verstecken Sie sich nicht vor Ihren Gefühlen.

Sie haben nun zwei Techniken kennengelernt, wie Sie sich auf eine bewusste Entdeckungsreise nach Ihren Gefühlen begeben können. Es ist vollkommen klar und verständlich, dass Sie vielleicht gerade Angst vor Ihren Gefühlen haben. Der Verlust Ihres geliebten Menschen ist noch nicht lange her oder vielleicht befürchten Sie auch, dass es auch bald so weit sein könnte. Viele Trauernde fürchten sich deshalb davor, sich ihren Emotionen zu stellen. Zu aufgeschäumt, tief und kalt erscheint in dieser dunklen Zeit das Meer der eigenen Gefühle. Sie brauchen aber diesen Tauchgang, um diesen tragischen Verlust wirklich verarbeiten zu können. Das kalte Wasser fließt nicht einfach so ab. Wenn Sie es ignorieren, wird es vielleicht wärmer und verliert an Schrecken. Eines Tages mit Freude darin wieder schwimmen werden Sie aber erst können, wenn Sie bewusst dessen aktuelle Eintrübung anerkennen. Sie haben es so weit geschafft. Ihre Gefühle sind vollkommen natürlich und zeigen nur, wie viel Ihnen der Mensch bedeutet hat. Erkennen Sie diese deshalb auch in Ihrer Intensität an. Erlauben Sie sich selbst, Ihre Gefühle zu fühlen.

5.2. Was wir von anderen Kulturen im Umgang mit dem Tod lernen können

Der Tod eines geliebten Menschen ist eine urmenschliche Tragödie, der wir uns seit Anbeginn der Zeit und an jedem Ort stellen mussten. Die Vergänglichkeit ist ein Teil unseres Lebens, mit dem wir umzugehen lernen müssen und an den wir schmerzhaft erinnert werden, wenn uns ein geliebter Mensch verlässt. Sie wurden nun daran erinnert und nichts kann einen Trauernden darauf vorbereiten, was ihn in dieser Zeit erwartet. Das heißt aber nicht, dass wir nicht auch etwas von anderen Menschen und Kulturen lernen können, die ebenfalls ihre ganz eigenen Wege gefunden haben, mit dem Thema Tod und Trauerbewältigung umzugehen. Vielleicht finden Sie in den folgenden Ausführungen Trost und Inspiration aus anderen Kulturen, die Sie bei Ihrer Trauerarbeit unterstützen können.

In Südamerika legen Menschen einen besonders großen Wert auf die Familie, was im Englischen auch als „familialism" bezeichnet wird. Diese Orientierung äußert sich in einer starken Fokussierung und Rücksichtnahme der Familienmitglieder untereinander, die sich nicht nur auf die Kernfamilie, sondern auch auf weitere Verwandte erstreckt. Die Familie wird damit in Südamerika zum sozialen Auffangnetz, das auch im Falle eines Todes wirkt. Nach dem Tod eines Familienmitglieds kommen die Verwandten deshalb zusammen und unterstützen sich aktiv bei der Trauerarbeit. Was wir davon lernen können? Wohl vor allem, dass uns die Familie in besonders schweren Zeiten Rückhalt und Geborgenheit bieten kann. Gleichzeitig führt uns dieses Beispiel vor Augen, dass wir uns auch anderen Trauernden verpflichtet fühlen können, die ebenfalls unter dem Verlust leiden. Scheuen Sie sich also nicht davor, aktiv in der Familie Halt anzubieten und selbst zu suchen. Selbst wenn Sie sich in den letzten Jahren nicht so nahestanden, ist nun die Zeit zusammenzukommen und des Verstorbenen gemeinsam zu gedenken.

Im asiatischen Raum ist es wiederum häufig üblich, der eigenen Trauer Ausdruck in kulturellen Zeremonien zu verleihen. Beispielsweise ist es in China verbreitet, verschiedene Trauerrituale abzuhalten, bei denen zumeist etwas verbrannt wird. Dabei kann es sich etwa um Papiergeld oder ein Papierhaus handeln. Symbolisch wird sich damit vom Verstorbenen verabschiedet und sichergestellt, dass der Mensch auch nach dem Tod nicht unter Armut leiden muss. Hier lassen sich leicht Parallelen zum vorherigen Kapitel herstellen, wie Sie Ihrer Trauer Ausdruck verleihen können. Von asiatischen Kulturen können wir deshalb lernen, dass wir unserer Trauer nicht nur allein, sondern auch in der Gemeinschaft Ausdruck verleihen können. Dieser Ausdruck ist natürlich nicht auf die symbolische Verbrennung beschränkt. Beispielsweise können Sie auch gemeinsam mit Familie und Freunden etwas malen, anfertigen oder singen. Das Ergebnis ist ein gemeinsamer, sichtbarer Ausdruck der Trauer, der bei der Verarbeitung des Traumas helfen kann.

Die afrikanische Kultur assoziieren wir zumeist mit lebhafter Lebensfreude. In Zeiten der Trauer um einen Verstorbenen verwandelt sich die lebhafte Gemeinschaft aber zumeist in einen ruhigen Ort der Trauer, an dem sich die Menschen für mindestens eine Woche zu Hause zurückziehen, kaum sprechen oder lachen, schwarze Kleidung tragen und häufig auch ihren Kopf rasieren. Letzteres soll nicht nur den Tod, sondern auch das neue Leben repräsentieren. Begleitet wird diese Zeit durch Reinigungsrituale, bei denen alle persönlichen Gegenstände des Verstorbenen gereinigt oder verbrannt werden. Lernen lässt sich aus diesen Bräuchen wohl vor allem zweierlei. Einerseits ist es vollkommen in Ordnung, wenn Sie sich in der Trauerphase zurückziehen. Es ist ein menschliches Grundbedürfnis, manche schweren Erfahrungen erst einmal mit sich selbst auszumachen, bevor man wieder in die Gemeinschaft zurückfindet. Andererseits kann es auch helfen, wenn Sie aktiv vom Verstorbenen Abschied nehmen, indem Sie sich mit dessen hinterlassenen Gegenständen auseinandersetzen. Das muss natürlich nicht sofort geschehen. Wenn wir zurück an Elisabeth denken, die ihren Mann wegen einer Krebserkrankung verlor, dann würde es der Rentnerin wohl kaum helfen, die Kleidung ihres Mannes nur eine Woche nach seinem Tod wegzugeben. Früher oder später hilft aber die Auseinandersetzung und Abgabe dieser weltlichen Güter dabei, auch auf diesem symbolischen und gleichzeitig praktischen Wege Abschied zu nehmen. Wenn Sie sich dann von den Gegenständen des geliebten Menschen trennen, dann können Sie dies auch in Gedenken an ihn tun. Vielleicht kommt noch einmal manch schöne Erinnerung an die Vergangenheit hoch, die Sie mit dem bestimmten Objekt verbinden. Gleichzeitig ist es aber auch wichtig, dass Sie sich von den meisten der Gegenstände, für die Sie keine Verwendung mehr haben, trennen. Das wird Ihnen helfen, auch unterbewusst Abschied zu nehmen und durch die bewusste Abgabe des Gegenstands auch im Alltag von der geliebten Person Abstand zu nehmen.

Letztlich erscheint es in diesem Zusammenhang noch sinnvoll, eine eher isolierte Gruppe und deren Umgang mit Trauer und Tod näher zu untersuchen. Schließlich haben sich hier oft ganz spezielle Praktiken herausgebildet, die unabhängig vom umgebenden Kulturraum entstanden. Bei den Amish handelt es sich um eine solche Gruppe. Hier ist die Trauer eine private, familiäre Angelegenheit, die sich insgesamt über ein ganzes Jahr erstreckt. Dabei tragen alle Familienangehörigen schwarz und verhalten sich in der Öffentlichkeit entsprechend. Hier sehen Sie erneut, dass viele Kulturkreise vor allem Wert auf den Familienverbund legen. Darüber hinaus fallen aber auch die Beerdigungen der Amish wie zu erwarten äußerst minimalistisch aus. Während des Begräbnisses wird beispielsweise nicht gesungen und es werden keine Blumen abgelegt. An diesem simplen Ritual wird sichtbar, dass wir uns nicht von unserer gemeinsamen Trauer ablenken, sondern diese zulassen sollten.

Wie Sie sehen konnten, gibt es weltweit viele Gemeinsamkeiten, wie Menschen mit dem Tod eines geliebten Verwandten oder Freundes umgehen. Vor allem die Familie spielt eine Schlüsselrolle, dank der die gemeinsame Verarbeitung gelingen und Rückhalt gefunden werden kann. Signalisieren Sie also Ihren

Verwandten und Freunden, dass Sie sich mehr Kontakt wünschen, sobald Sie dieses Bedürfnis verspüren. Respektieren Sie, falls vorhanden, aber auch das eigene oder fremde Bedürfnis des Alleinseins. Falls Sie keine gute Verbindung mehr zu Ihrer Familie und Verwandtschaft haben, dann ist vielleicht jetzt die Zeit gekommen, die Hand auszustrecken und gemeinsamen Rückhalt zu finden. Alternativ können auch Freunde mehr als nur ein Familienersatz sein und ebenfalls bei der Trauerarbeit helfen. Öffnen Sie sich. Verabschieden Sie sich gemeinsam. Sie sind dabei nicht allein.

5.3. Was tun, wenn die Sehnsucht so groß ist?

Egal wie lange der Tod Ihres Angehörigen vergangen ist, die Sehnsucht wird manchmal einfach zu groß. Das kann sich bei Trauernden auf ganz unterschiedliche Art und Weise äußern. Manche können sich dann beispielsweise im Alltag oder bei der Arbeit kaum noch konzentrieren. Andere vermeiden wiederum Orte, die sie an den Verstorbenen erinnern. Vielleicht können Sie aber auch einfach kaum mehr den Schmerz ertragen, der durch das emotionale Loch entsteht, das ihr geliebter Mensch hinterlassen hat. Was können Sie also tun, wenn die Sehnsucht Sie zu überwältigen droht?

Wie auch bei anderen Emotionen ist es wichtig, dass Sie Ihre Gefühle nicht unterdrücken. In diesem Fall verspüren Sie mit der Sehnsucht eine Mischung aus Trauer, Leere und vielleicht auch Wut. Dabei gibt es viele Wege, mit denen Sie sich mit der Sehnsucht auseinandersetzen können. Zum einen kann es Ihnen helfen, wenn Sie Ihre Gedanken frei zulassen. Setzen Sie sich dazu in einen bequemen Sessel, legen Sie sich auf eine Couch oder gehen Sie auf einen langen Spaziergang. Versuchen Sie, sich in dieser Zeit nicht abzulenken, sondern lassen Sie die Gedanken, die kommen und gehen, einfach zu. Unterstützt werden kann dieser Prozess, indem Sie sich innerlich Fragen stellen, die Ihre Sehnsucht näher beleuchten. Beispiele für solche Fragen wären, was Sie an dem Menschen besonders geschätzt haben oder was Ihre schönste gemeinsame Erinnerung ist. Sie werden merken, dass Sie langsam zur Ruhe kommen, je öfter Sie Ihre Sehnsucht ausleben und zulassen. Zum anderen kann es aber auch hilfreich sein, wenn Sie sich bewusst auf eine Reise in die Vergangenheit begeben. Hierzu können Sie zum Beispiel den Ort besuchen, an dem Sie sich kennengelernt oder gewohnt haben. Hier werden bei Ihnen ganz automatisch viele Emotionen hochkommen, die Sie ebenfalls zulassen sollten. Vielleicht stellen Sie neben all der Trauer dann auch bereits jetzt fest, dass Sie mehr als nur Negatives wahrnehmen. Vielleicht empfinden Sie bereits auch Dankbarkeit für all die schönen Erlebnisse und Jahre, die Sie gemeinsam erleben durften. Daneben können Sie sich auch auf eine gedankliche Reise in die Vergangenheit begeben, indem Sie sich beispielsweise Ihre frühere Lieblingsplatte anhören oder Ihren Lieblingsfilm ansehen. Auch das kann Sie zurück in die Vergangenheit holen und dabei helfen, das Positive zu sehen und damit abzuschließen. Ob Sie dann mit Familie oder Freunden über Ihre kleinen Reisen reden, ist ganz Ihnen überlassen. Es ist auch völlig in Ordnung wenn Sie diese Reisen zurück als ein kleines Geheimnis zwischen Ihnen und dem Verstorbenen sehen, von dem Sie sich gerade verabschieden.

5.4. Selbstvorwürfe? Warum Sie keine Schuld trifft!

Während der Trauerarbeit kann es immer wieder dazu kommen, dass Sie damit beginnen, sich selbst Vorwürfe zu machen. Wenn Sie zurückdenken an die Phasen der Trauer, dann kommt es vor allem während der Zeiten der Wut und Scham sowie der Verhandlung zu einem solchen Gefühl. Die Gründe dafür sind ganz unterschiedlich. Manche Trauernde bereuen es, dass Sie die gemeinsame Zeit nicht besser genutzt haben. Andere Betroffene glauben wiederum, dass sie etwas am Tod hätten ändern können, wenn sie nur anders gehandelt hätten. Egal, aus welchem Grund Sie sich Selbstvorwürfe machen, lassen Sie sich eines ganz klar gesagt sein: Sie trifft keine Schuld. Und dafür gibt es viele Gründe.

Falls Sie sich nun Selbstvorwürfe machen, nicht mehr Zeit mit der geliebten Person verbracht zu haben oder noch mehr für Sie dagewesen zu sein, dann liegt der Grund nicht darin, dass Sie den Menschen nicht geliebt hätten. Vielmehr sind wir alle einerseits an die Notwendigkeiten des Alltags gebunden. Schließlich müssen Sie nicht nur für sich selbst sorgen, sondern sind auch vielen anderen Menschen und Angelegenheiten im Alltag und im Arbeitsleben verpflichtet. Da ist es ganz klar, dass unsere gemeinsame Zeit mit geliebten Menschen nicht immer einem Urlaub gleicht, sondern eben auch das ist, was sie im wahrsten Sinne des Wortes oft darstellt: Alltag. Andererseits konnten Sie nicht wissen, dass Ihre gemeinsame Zeit bald endet. Wahrscheinlich wollten Sie noch so einiges gemeinsam in der Zukunft erleben. Dass das nun nicht mehr möglich wird, ist nicht Ihre Schuld. Ihre geliebte Person wusste, wie sehr Sie sie schätzten. Wir senden jeden Tag so viele und oft unbewusste Signale an unsere Umgebung aus. Seien Sie sich sicher, dass darunter auch bei jedem Treffen Signale für den Verstorbenen waren, die ihm klarmachten, wie sehr Sie ihn schätzten. Das später vorgestellte Trauerjournal wird Ihnen dabei helfen, sich dieser Selbstvorwürfe anzunehmen, indem Sie die richtigen Fragen stellen und für sich beantworten.

Doch auch falls Sie selbst daran verzweifeln, etwas in den Tagen des Todes anders gemacht haben zu können, sei Ihnen klar versichert, dass Sie keine Schuld trifft. Sie haben nach Ihrem besten Gewissen gehandelt und alles getan, um den Tod des Verstorbenen zu vermeiden oder zumindest zu verzögern. Nun ist das Unausweichliche eingetreten. Hier ist es nun eine normale Reaktion, dass Sie einen Schuldigen dafür suchen. Wenn Sie dann keinen finden, bleiben häufig nur Sie selbst übrig. Behandeln Sie sich selbst mit Respekt. Sie trifft keine Schuld. Falls Sie solche Selbstvorwürfe plagen, dann kann es hilfreich sein, wenn Sie sich mit Familie, Freunden oder auch einem Therapeuten darüber austauschen. Hier kann Ihnen dann Ihre Außenwelt eine andere Sicht auf den Verlauf und die Dinge liefern, die Ihnen schnell aufzeigen kann, warum Sie keine Schuld trifft. Versuchen auch Sie selbst, die Situation nur für einen Moment als nüchterner Außenstehender zu bewerten. Wenn wir zurück an das Beispiel von Elisabeth denken, könnte das für sie heißen, dass sie an die letzten Tage ihres Mannes auf der Palliativstation denkt. Natürlich könnte sich Elisabeth nun Vorwürfe machen, warum sie nicht früher auf der Palliativstation übernachtet hat oder warum sie nicht doch noch einen anderen modernen Behandlungsansatz versucht haben, um ihren Mann zu retten. Wenn Elisabeth aber einige Schritte zurücktritt und Abstand von der Situation gewinnt, wird sie feststellen, dass sie eine Frau war, die ihren Mann geliebt und alles für ihn getan hat. Zudem wird sie merken, dass sie in den letzten Wochen eine unglaublich große Angst hatte und sich nicht eingestehen wollte, dass es bald zu Ende geht. Am Ende wird sie merken, dass sie in dieser intensiven Phase immer getan hat, was sie in diesem Moment für richtig hielt. Manchmal geschehen schlimme Dinge, ohne dass es einen Schuldigen gibt. Der Tod eines geliebten Menschen ist oft ein solcher. Sie trifft keine Schuld.

6. Ihr kleines Trauerjournal

Sie haben bereits viele Möglichkeiten und Wege kennengelernt, wie Sie Ihre Trauerarbeit aktiv angehen können. Abschließend wollen wir Ihnen noch ein weiteres Werkzeug an die Hand geben, das Ihnen Struktur verschafft und Sie begleitet: das Trauerjournal. Doch was macht ein Trauerjournal eigentlich so wertvoll und wie können Sie ein Trauerjournal konkret über einen Monat gestalten, damit Sie wirklich davon profitieren? Zu diesem Zweck lernen Sie auch gleich eine Vorlage kennen, die Ihnen Orientierung bietet. Ob Sie diese Vorlage dann direkt nutzen oder darin nur Inspiration für Ihr eigenes Trauerjournal schöpfen, bleibt ganz Ihnen überlassen.

6.1. Warum ein Trauerjournal so sinnvoll ist

Bevor wir aber mit der Vorstellung eines Trauerjournals beginnen, noch kurz zu dessen

Bedeutung. Ein solches Tagebuch kann Sie dabei unterstützen, sich ganz bewusst mit dem Tod des geliebten Menschen und Ihrem Umgang damit auseinanderzusetzen. Dabei schafft es das Trauerjournal einerseits, dass Sie sich die Zeit dafür nehmen. Andererseits kann es Ihnen auch Denkanstöße geben, die Ihnen dabei helfen, einzelne Phasen der Trauerarbeit zu überwinden und ein neues Kapitel in Ihrem Leben aufzuschlagen. Vielleicht spendet Ihnen das Trauerjournal auch Trost in dieser dunklen Zeit, in der Sie nicht so recht wissen, wie es weitergehen soll. Und wenn Sie in ein paar Jahren dieses Tagebuch wieder aufnehmen und darin blättern, dann werden Sie sehen, wie sehr Sie den Verstorbenen geliebt haben und wie sehr Sie es immer noch tun.

6.2. Ihr persönliches Trauerjournal

Das folgende Trauerjournal gliedert sich in 30 Tage und kann Sie dementsprechend über einen Monat begleiten. Falls Sie aber das Gefühl haben, sich nicht täglich damit auseinandersetzen zu wollen, können Sie sich auch jeden zweiten oder dritten Tag einem Kapitel widmen. Dementsprechend würde die Bearbeitung dann zwei oder drei Monate dauern. Wichtig ist lediglich, dass Sie sich regelmäßig damit auseinandersetzen und Ihre Trauerbewältigung aktiv angehen. Hinsichtlich des Aufbaus lässt sich sagen, dass sich jedes Kapitel einem Thema widmet, zu dem drei Fragen aufgeworfen werden. Der Beantwortung sollten Sie sich dann an einem ruhigen Ort widmen, an dem Sie nicht gestört werden. Zudem steht es Ihnen natürlich frei, wie Sie die Fragen für sich beantworten wollen. Vielleicht wollen Sie nicht nur Ihre Gedanken niederschreiben, sondern auch Gedichte verfassen, Bilder malen oder Erinnerungsstücke einkleben. Auch hier gilt, dass Sie Ihren Gefühlen in einer Art und Weise Ausdruck verleihen können, wie es sich für Sie richtig anfühlt.

Tag 1: Der Beginn
1. Was erwarte ich von diesem Trauerjournal?
2. Wann habe ich zuletzt über meine Gefühle geschrieben?
3. Wie würde ich den geliebten Verstorbenen in drei Sätzen beschreiben?

Tag 2: Halt finden
1. Was hilft mir aktuell durch den Tag?
2. Was macht mein Leben derzeit so schwer?
3. An wen kann ich mich wenden, wenn ich Halt suche?

Tag 3: Vergleiche anstellen
1. Welche Geschichte hat mich mehr angesprochen: die von Anna oder Elisabeth? Warum?
2. Wie würde sich meine Geschichte lesen?
3. Was wäre hier anders? Was wäre ähnlich im Vergleich zu den anderen beiden?

Tag 4: Vorbereitung
1. Was bedeutet es für mich, auf etwas vorbereitet zu sein?
2. War ich auf den Tod meines geliebten Menschen vorbereitet?
3. Welche Ängste habe ich seit seinem Tod?

Tag 5: Kreativität
1. Wann habe ich zuletzt meinen Gefühlen Ausdruck verliehen?
2. Was würde mich am meisten reizen zu produzieren: ein Text, ein Bild oder ein Video?

3. Was könnte ich heute noch machen, um spontan meine Gefühle zu zeigen?

Tag 6: Funktionieren müssen
1. Wie fühle ich mich, wenn ich derzeit kaum arbeiten kann?
2. Was mache ich aktuell, gemessen an den Umständen, erstaunlich gut?
3. Was kann ich machen, um Zeit für mich zu finden?

Tag 7: Trauerarbeit
1. Was besitze ich jetzt, was früher dem Verstorbenen gehörte?
2. Welche Wunde wird vielleicht niemals heilen?
3. Was ist meine erste Erinnerung an den Verstorbenen?

Tag 8: Nähe
1. Wie fühlt sich derzeit Nähe zu anderen Menschen an?
2. Wie fühle ich mich gegenüber Mitmenschen, die derzeit Nähe zu mir meiden?
3. Wie fühle ich mich gegenüber Mitmenschen, die derzeit aktiv meine Nähe suchen?

Tag 9: Ich bleibe mir treu
1. Wie unterscheidet sich meine Trauerarbeit von meinem Umfeld?
2. Was kann ich in meiner Trauerarbeit von meinem Umfeld lernen?
3. Was habe ich im Buch Neues gelernt, das ich bereits umsetze oder umsetzen will?

Tag 10: Entscheidungen
1. Welche Entscheidungen habe ich gemeinsam mit dem Verstorbenen getroffen?
2. Was war meine schwerste Entscheidung in den letzten Wochen?
3. Wer kann mir in meinem Leben dabei helfen, Entscheidungen zu fällen?

Tag 11: Neue Sicherheit
1. Was hat mir als Kind Sicherheit gegeben?
2. Wo fühle ich mich geborgen?
3. Was fühlte ich letzte Nacht beim Einschlafen?

Tag 12: Fluchtwege
1. Was mache ich, um nicht an den Tod denken zu müssen?
2. Was tut mir davon gut?
3. Was davon schadet mir?

Tag 13: Akzeptanz
1. Was fehlt mir jetzt in meinem Leben?
2. Was bleibt mir in meinem Leben?
3. Was will ich in meinem Leben wachsen lassen?

Tag 14: Besondere Momente
1. Was erinnert mich im Alltag an den Verstorbenen?
2. Was war unser schönster gemeinsamer Moment?
3. Wie fühle ich mich, wenn ich daran denke, dass wir keine neuen Momente mehr haben werden?

Tag 15: Das neue Kapitel
1. Was heißt es für mich „weiterzuleben"?
2. Warum will ich meine Gefühlsausbrüche beenden?
3. Warum habe ich derzeit so starke und widersprüchliche Gefühle?

Tag 16: Im Kreis der Familie
1. Wie geht es mir, wenn es meiner Familie schlechtgeht?
2. Wie reagiere ich dann?
3. Was hält uns als Familie zusammen?

Tag 17: Gedenken und Rituale
1. Was möchte ich in Angedenken an den Verstorbenen gerne machen oder beibehalten?

2. Was haben wir oft gemeinsam gemacht?
3. Welche Rituale teile ich mit anderen geliebten Menschen?

Tag 18: Traurige Gedanken
1. Welcher traurige Gedanke geht mir täglich durch den Kopf?
2. Durch welchen schönen Gedanken möchte ich ihn ersetzen?
3. Warum möchte ich mich wieder glücklich fühlen?

Tag 19: Leere
1. Wie beschreibe ich die Leere, die ich fühle?
2. Wie äußert sich dieses Gefühl körperlich?
3. Was hilft mir dabei, sie wieder zu füllen?

Tag 20: Humor
1. Wann hat mich die geliebte Person zum Lachen gebracht?
2. Was war unser lustigster Moment?
3. Was bringt mich jetzt noch zum Lachen, wenn ich daran denke?

Tag 21: Zurück ins Leben
1. Was mache ich bereits, was ich früher auch gemacht habe?

2. Von was nehme ich noch Abstand?
3. Was will ich als Nächstes machen, was ich seit dem Tod nicht mehr unternommen habe?

Tag 22: Momentaufnahme
1. Wie habe ich mich am Tag des Todes gefühlt?
2. Wie fühle ich mich jetzt?
3. Wie fühle ich mich wohl in einem Monat?

Tag 23: Die Hinterbliebenen
1. Was heißt es für mich, den geliebten Menschen überdauert zu haben?
2. Wie geht es anderen Angehörigen und Freunden damit?
3. Was machen wir, um uns gegenseitig zu unterstützen?

Tag 24: Manche Ängste bleiben
1. Welche neuen Ängste habe ich, seitdem ich den geliebten Menschen verloren habe?
2. Wie zeigen sich diese Ängste?
3. Was hilft mir dabei, diese Ängste zu lindern?

Tag 25: Meine Hoffnung
1. Was sind die kleinen Freuden des Alltags, die mir Hoffnung geben?

2. Wann habe ich zuletzt Hoffnung mit meinen Mitmenschen geteilt?
3. Wie kann ich Hoffnung bei meinen Freunden entfachen?

Tag 26: Dankbarkeit
1. Was macht mich jetzt gerade dankbar?
2. Fühle ich diese Dankbarkeit auch im Alltag? Warum? Warum nicht?
3. Warum fühle ich mich manchmal undankbar oder mache mir noch Vorwürfe?

Tag 27: Die langsame Heilung
1. Was verrät mir, dass es mir langsam besser geht?
2. Wer oder was hat mir am meisten dabei geholfen, dass es mir so geht?
3. Wo sehe ich mich in einem Jahr?

Tag 28. In Stille gedenken
1. Was hat meine geliebte Person so einzigartig gemacht?
2. Wie fühle ich mich jetzt nach einiger Zeit, wenn ich an sie oder ihn denke?
3. Was hindert mich daran, die Trauer noch weiter zu verarbeiten?

Tag 29.: Was uns stark macht
1. Wann habe ich mich in den letzten Tagen und Wochen stark und beherrscht gefühlt?
2. Was hat mir dabei geholfen, mich so zu fühlen?
3. Was kann ich tun, damit andere Trauernde sich auch so fühlen?

Tag 30: Die Trauerarbeit
1. Was habe ich in den letzten Wochen der Trauerarbeit gelernt?
2. Was hat mir am meisten dabei geholfen?
3. Auf was will ich auch in Zukunft nicht verzichten, um dem geliebten Menschen zu gedenken?

7. Sie schaffen das!
Abschließende Worte

Unser Leben ist ein buntes Schauspiel. Shakespeare fasste diesen Gedanken so trefflich in seiner Komödie „Wie es euch gefällt" zusammen. Er schreibt hier zu Beginn übersetzt: „Die ganze Welt ist eine Bühne und alle Frauen und Männer bloße Spieler; Sie alle haben ihre Auftritte und Abgänge". Während Sie nun selbst weiterspielen, haben Sie den letzten Abgang eines geliebten Menschen miterlebt. Nichts kann einen Menschen auf diese Erfahrung vorbereiten. Und noch mag es Ihnen fremd und vielleicht sogar zynisch und falsch erscheinen, dass das Stück doch weitergeht. Wie können die anderen Menschen einfach weitermachen, als wäre nichts geschehen? Wie können Sie selbst wieder in Ihre Rolle finden, wenn Ihnen doch die Worte fehlen und Knie zittern? Doch der Akt mit Ihrem geliebten Menschen ist gespielt. Sehen Sie sich genau um, in sich, Ihrer Umgebung und in Ihrem Alltag. Folgen Sie dem Schein des Spotlights und entdecken Sie Stück für Stück wieder die Schönheit, die es Ihnen offenbart. Es wird nie wieder so sein wie früher. Es wird anders sein. Doch auch in dieser anfänglichen Fremde werden Sie eine neue Heimat finden und Kraft tanken. Ihr geliebter Mensch wird gedanklich immer an Ihrer Seite sein. Nehmen Sie das Geschenk des Lebens an. Das Stück ist noch lange nicht vorbei. Und wenn Sie sich dann nach Ihrem geliebten Menschen sehnen, werden Sie lernen, mit Dankbarkeit und Freude auf all die bunten Auftritte zurückzublicken, die Sie gemeinsam hatten. Sie schaffen das.